성경 이야기와

이야기치료

성경 이야기와

이야기치료

2014년 10월 10일 초판 1쇄 발행

지은이 | 김번영
펴낸이 | 박영호
펴낸곳 | 도서출판 솔로몬

주소 | 서울시 동작구 사당로 155, 신주빌딩 B1
전화 | 599-1482
팩스 | 592-2104
직영서점 | 596-5225

등록일 | 1990년 7월 31일
등록번호 | 제 16-24호

ISBN 978-89-8255-526-8 03230

익.숙.한. 것.을. 낯.설.게. 여.기.기

성경 이야기와 이야기치료

로 관통하는 이 책의 내용은 인간의 '불안과 갈등'을 큰 틀로 구성했습니다. 그러기에 성경 사건도-저의 입장에서 볼 때-불안과 갈등의

수 있겠다고 생각되는 12가지 이야기를 선택했습니다. 왜냐하면 불안과 갈등은 대부분의 심리학과 상담학의 변하지 않는 주제입니다

을 설명하는 심리적 기제로서 이보다 더 많이 언급되는 것은 없습니다. 예를 들어-소위- 정신병리라고 하는 정신분열, 양극성 장애(우/조

분에 끊이지 않고 등장하는 것이 불안과 갈등입니다. 그럼에도 불구하고 각자의 이론들은 각자의 설명을 하고 있고, 나름의 처방 역시

으로, 어떤 것은 개인적이고 심리내적으로, 그런가 하면 행동(behavior)적 학습으로, 혹자는 인지적 왜곡으로, 혹자는 시스템 즉, 가족체

니다. 그러나 저는 단순하게 모든 상황이 모두 특수하다는 전제를 가지고 그저 성경 속 인물 그 이야기마다 저의 입장에서 질문하고 재구성

구해 봅니다.

BLE'S HEALING STORY

김번영 지음

솔로몬

차례

Contents

성경신학적 관점의 비평

신 은철 박사(신약학)

본인은 신약을 전공한 사람으로서 이야기 치료라는 장르 자체가 매우 익숙지 않은 분야임을 우선 밝힌다. 그러므로 책에 대한 비평을 한다는 것 자체가 매우 부담스럽다. 그렇지만 성경신학자와 이야기 치료사의 시각의 차이를 말하는 것은 독자에게 인식의 지평을 넓히는데 중요한 점이고, 또 본인 또한 새로운 시각과 전제를 가지고 출발하는 성경본문에 대한 해석의 작업이라는 점에서 호기심을 가지고 이 책을 살펴보았다. 나는 지금 책 전체에 대한 서평이 아니라 성경 부분에 대한 것임을 유념하시기 바란다. 그러므로 가나 혼인잔치 비유에 대한 서평으로 이 작업을 대신하려 한다.

저자가 성경 해석을 접근함에 있어 현장성과 '지금 여기'에서의 현실 적용성에 대한 고뇌를 곳곳에서 발견할 수 있고 느낄 수 있었다. 이것은 흔히 본문 즉, 성경text만을 주로 다루는 성경학자들의 취약한 부분이었음을 부인할 수 없다. 다른 말로 표현하면 '지금 여기'에서의 현장성을 배제한 지나친 본문중심의 해석이 말씀을 접하는 21세기 청중이나 독자들의 입장에서는 오히려 본문을 외면해버리는 우愚를 범하는 결과를 가져올 수 있다는 것이다.

이에 반해 저자는 머리말에서 강조했듯이 "이야기치료란 것은 항상 현장성을 강조합니다"라고 설명하고 있다. 이것은 저자가 본문text의 세계와 현장성context의 문제를 진지하게 고민한 산고의 결과물로 표현된 사상임을 알 수 있다. 이런 언어적 접근의 강점은 때로는 딱딱하고 이해하기 어려울 수 있는 성경의 개념들과 내용들을 21세기 독자들이나 청중들의 입장에서 재해석해서 생동감 있고 살아있는 언어로 하나님의 말씀을 전달해준다는 아주 좋은 강점을 가지는 것이다.

또한 저자는 자신이 아무리 성경이 하나님의 살아있는 말씀임을 고백한다고 할지라도 진리를 전달하는 방법은 또 다른 문제라고 저자는 고민하고 있음도 볼 수 있었다. "이야기 설교는 이야기라는 세계관으로 성경을 이해해 보려는 시도입니다"라고 말하고 있다. 즉 진리는 불변하지만 그 진리를 전달하는 도구tool로서 사용되어지는 방법은 별개의 사안임을 말하고 있다. 이런 목적을 위해서 저자는 이야기식 접근 방법을 사용하고 있다. 그것을 통해서 독자들의 사고의 지평을 넓히고 색다른 성경 이야기 속으로 독자들을 초대함을 볼 수 있다. 이런 도발적인 시도는 독자들을 새로운 성경의 세계를 맛보게 할 것임을 의심치 않는다.

반면 위에 언급했던 저자의 강점에도 불구하고 성격학자의 눈으로 보면 성경 본문을 분석하는 몇몇의 단락에서 한계를 발견할 수 있었다. 예를 들어, 요한복음 2장에 소개되는 가나 혼인 잔치이야기이다. 저자는 이야기 구성을 통해 본문의 진정한 주체가 누구인지를 특유의 감각적 필체로 전개해가고 있다. 그리고 '우리 공동체'의 불안의 문제는 주체와 객체의 전도현상에서 기인됨을 아주 재미있고 쉬운 언어로 잘 논증해 보이고 있다. 또한 주체인 신랑과 신부를 위해 잠시 본인의 모습을 감추시는 배려 깊은 예수님을 독자들에게 소개하고 있다. 그리고 저자는 "가나 혼인 잔칫집에서 포도주가 중심이 아님은 예수님의 활동에서도 분명하게 들립니다"라고 본문에서 자주 등장하는 포도주 역시 주변 사물에 불과함을 설명한다.

그러나 성경신학적 관점에서 보면 요한복음은 철저히 기독론적(예수 그리스도)인 말씀이다. 그래서 요한은 항상 예수님을 이야기의 변두리에 위치시키거나 배려심 많은 예수상을 제시하고 있지 않다. 오히려 '예수님은 하나님이십니다'라는 큰 신학적인 틀을 가지고 그분의 이야기를 전개해나가고 있다. 이것은 당연히 예수님이야말로 가나 혼인 잔치의 진정한 주체이심을 독자들에게 보여주고 있다. 그래서 독자들에게 진정한 이야기의 주체이신 (신랑이 아닌…) 예수님에게만 모든 초점을 집중시킬 것을 요청하고 있다. 특히 예수님의 올바른 정체성을 드러내기 위해 사용된 가장 중요한 도구는 바로 잔치에 다 떨어져버린 포도주에 관한 언급이다. 보통 구약에서 포도주는 '구원의 때를 상징적으로 보여주는 것'으로 사용된다. 포도주가 다 떨어져 흥이 빠진 혼인 잔치를 처음 것보다 더 좋은 포도주를 제공함으로 혼인 잔치를 다시 회복시켰던 예수님이야말로 진정한 의미에서 혼인 잔치의 주체가 아닐까?

본서는 이런 부분에 대한 신학적 안목과 작업에는 결핍한 면을 분명하게 드러낸다. 그럼에도 불구하고 저자가 본문의 이야기를 새로운 이야기 형식으로 현실 적용성을 제시하려 시도한 점은 색다른 통찰이라고 본다.

누구나 성경 본문을 볼 때 각자의 렌즈를 가지고 본문을 보기 마련이다. 저자는 저자의 렌즈를 가지고 본문을 바라본다. 때론 신약/구약학자의 눈을 가지고 본문을 보기도 한다. 그러나 이 둘이 기본적으로 같이 공유하는 전제는 성경은 살아계신 하나님의 말씀이라는 사실이다. 그래서 이런 작업들은 서로가 서로를 배척하지 않았으면 한다. 오히려 서로를 세워가고 특히 살아계신 하나님의 말씀이 21세기를 살아가는 이 시대의 독자와 청자들에게 어떻게 진정성 있게 다가오는가에 초점을 맞춘다는 의미에서 독자나 저자에게 불편함을 줄지도 모를 이 서평을 하게 되었다.

이 책은 이런 면에서 또 다른 세계와 신선한 관점을 제시한다. 독자들은 나의 서평과 저자의 새로운 시도에서 균형을 잃지 않기를 바라며, 이러한 시도가 우리를 새로운 성경 이야기 속으로 초청하는 그 부름에 이 책이 공헌이 있기를 기도한다.

머리말

계획에도 없고 언감생심 꿈도 꾸지 않았던 책을 내게 되었습니다. 저는 실패한 목사라고 고백할 수밖에 없는 사람입니다. 그런 제가 성경에 관한 책을 쓴다는 것이 민망합니다. 그것도 신학적, 설교학적 지식이 일천한 제가 성경을 논한다는 것은 참으로 어불성설이지요. 더군다나 상담학자가 상담을 빙자해서 성경을 언급한다는 것은 무례를 범하는 것이라 여겨집니다. 그럼에도 불구하고 이 책을 쓰게 된 이유는 순전히 먹고살기 위해 하는 강의 때문이었습니다. 정태기 박사님께서 세우시고 섬기시는 크리스천 치유 연구원이란 곳에서 저는 시간강사로 있었습니다. 그런데 어느 날 치유원 스텝이신 채명숙목사님께서 저에게 성경과 이야기치료란 과목을 개설하겠다고 하시면서 저에게 맡아 달라고 하십니다. 저는 그저 강의만 하면 될 줄 알았는데 강의안이 필요하다는 것입니다. 그래서 어쩔 수 없이 책을 쓰기 위해 자료를 모으고 구도를 잡기 시작했습니다. 그런데 그러는 동안 저는 저의 문제 하나를 내려놓을 수 있었습니다(책 말미에 고백했습니다). 그러기에 과감히 이 책을 쓸 용기를 내어 봤습니다.

그럼에도 불구하고 이 작업이 문제가 될 소지가 다분합니다. 왜냐하면 이야기란 그 자체를 인식론으로 하여 설교에 적용하면 이야기 설교가 되는 것이고 치료에 적용하면 이야기치료가 되는 것입니다. 이야기 설교란 몇몇 분이 오해하듯 그 어떤 이야기에 관하여 설교를 하는 것도 아니며, 이야기식storytelling으로 설교하는 것도 아닙니다. 그런 면에서 과연 성경을 이야기 접근법narrative approach으로 제가 풀어낼 수 있을까 하는 저의 능력의 한계 때문입니다. 자칫하면 상담과 치유 책되어 버리고 잘못 하면 함부로 성경 이야기를 재단 할 것 같은 두려움 때문이었습니다. 그러나 어찌했던 이 책을 쓰게 되었습니다. 불민한 것은 품어주시기를 청합니다. 이야기치료에 대해서는 이 책 뒤에 이야기치료사의 자세에 대해 언급함으로 여러분의 이해를 조금 돕도록 하겠습니다. 왜냐하면 상담사의 자세가 이야기치료의 철학적 전제를 모두 밝힌다고 생각합니다. 현대는 이론이나 기법의 시대가 아니라 학문 하는 자세의 시대라고 저는 생각했습니다. 즉 상담 윤리가 그 철학을 드러낸다고 생각합니다.

이 책의 억지스러움이 또 있습니다. 이야기치료란 것은 항상 현장성을 강조합니다. 즉 사례마다 모두 특수하다는 인식 때문에 이미 지나간, 그것도 수천 년을 넘어온 이야기를 마치 지금 현장에 있는 것처럼 쓴다는 것은 이야기치료 관점에서 볼 때 불가한 것입니다. 그럼에도 불구하고 가능성을 타진한 것은 첫째로 구약성경학자 월터 브루그만W. Brueggemann의 말씀에 힘입은 것입니다. 2000년을 뛰어 넘은 성경 이야기를 설교자는 "예언자적 상상력"으로 메워가야 한다는 것입니다. 이 말은 엄밀히 말하면 현장 즉, 오늘 이 순간이 주체가 되어 성경에 묻고 듣는 과정을 중시한다고 저는 이해했습니다. 그렇다면 결론을 내려야 한다는 강박에서 벗어나 열린 개연성으로 성경을 볼 수 있겠다 싶었습니다. 그렇다면 이야기를 풀어 갈 때 사실적이고 객관적인 서술에 머물지 말고 드라마틱dramatic하고, 맥락 중심의 예술성artistic을 요구한다는 브루그만 선생의 말씀과 이야기치료가 추구하는 방향과 일정정도 일맥이 상통한다고 생각했습니다.

이 책의 가능성 두 번째는 저의 입장, 저 자신의 욕구입니다. '제가' 아픕니다. '제가' 고민이 있습니다. 즉 오늘 '나' 자신(오늘 이 순간의 특수)으로부터 다른 이야기와 만남을 주선하고 싶었습니다. 저의 문제를 풀기 위해 누군가에게 들어보고 싶습니다. 일반적인 치유와 해결 방식을 배워서 저의 문제를 풀어가기 보다는 저의 아픈 문제와 성경 속의 구체적이고 개인적인 문제와 대화하고 싶었습니다. 그 속에서 새로운 이야기가 구성되고 다른 이야기가 전개될 수 있을 거라는 확신입니다. 그 하나님의 사람을 만나기 위해 저는 상상을 할 수밖에 없습니다. 이야기를 들을 때 '상상'은 매우 중요합니다. 상상 없이 이야기의 대화는 불가능한 것이니까요. 이야기 접근법은 주장하기를 이야기story란 누군가에게 채택taking되어야 하고, 채택되는 순간 누군가에게는 다시 이야기 되어야re-telling 합니다. 다시 말해 성경의 이야기가 누군가에게 의미 있게 다가가려면 보편적 설명보다는 특수한 욕구와 만남으로 새로운 이야기가 창출되고 영향력이 극대화 될 수 있다는 의미입니다.

성경 이야기가 살아 숨 쉬게 할 수 있는 유일한 방법은 '이야기하기'입니다. 성경 이야기는 실재reality로 재현되기는 절대적으로 불가능합니다. 왜냐하면 일회적인 역사적 사건이기 때문입니다. 이 유일한 사건을 현재화 할 수 있는 유일한 방법은 이야기'될' 때, 그리고 그 이야기가 지금 여기에 살고 있는 사람에게 '채택될' 때 유일회적 사건은 우리 곁에서 숨을 쉽니다. 성경 속 인물을 보편적으로 보려고 하면 마치 영정 앞에 있는 자손과 같은 형국이라고 저는 감히 말씀드립니다. 그분들은 지금 여기의 신앙의 후진들에게 이야기하고 싶어 합니다. 때론 저희들의 도발적이고 도전적인 질문을 받아야 합니다. 성경의 인물이라고 해서 그 삶이 무조건 합리화 되거나 긍정적으로 해석되는 특혜를 누릴 수 없습니다. 우리가 그분들과 대화를 하려면 지금 '나'와 '나'의 욕구가 있을 때만이 질문을 하고 도전할 수 있다고 생각합니다.

어쩌면 저의 이 작업을 불경하게 여기실 수도 있습니다. 저의 이런 작업은-최소한-우리나라에서는 최초의 작업이 아닐까 싶습니다. 물론 출판된 단 한권의 책이 있기는 합니다만 이야기치료와는 조금 거리가 있습니다. 또한 성경과 상담에 대해서는 여러 책들이 있습니다만 이야기 접근법 입장에서는 그분들의 책을 참고할 수는 없습니다. 왜냐하면 이야기치료는 엄밀하게 말해서 심리학이 아닙니다. '이야기' 인식론적 틀을 가지고 치료에 적용한 학문입니다. 이 말은 제가 대단한 작업을 했다는 것이 아니라 어떤 면에서는 위험하고 극히 주관적이라는 것입니다. 또한 학문적으로는 별 가치를 둘 수 없다는 의미도 됩니다. 선행연구도 없고, 권위 있는 문헌의 뒷받침도 없습니다. 때론 인위적으로 꿰맞춘 것 같은 느낌이 들 수도 있다는 것입니다. 물론 기존의 상담 이론도 언급을 하였고 참고는 했습니다.

전체적으로 관통하는 이 책의 내용은 인간의 '불안과 갈등'을 큰 틀로 구성했습니다. 그러기에 성경 사건도-저의 입장에서 볼 때-불안과 갈등의 여러 형태의 예를 보여 줄 수 있겠다고 생각되는 12가지 이야기를 선택했습니다. 왜냐하면 불안과 갈등은 대부분의 심리학과 상담학의 변하지 않는 주제입니다. 그리고 우리의 행동양식을 설명하는 심리적 기제로서 이보다 더 많이 언급되는 것은 없습니다. 예를 들어, -소위- 정신병리라고 하는 정신 분열, 양극성 장애(우/조울증), 공황장애 등등의 모든 부분에 끊이지 않고 등장하는 것이 불안과 갈등입니다. 그럼에도 불구하고 각자의 이론들은 각자의 설명을 하고 있고, 나름의 처방 역시 모두 다릅니다. 때론 현상학적으로, 어떤 것은 개인적이고 심리내적으로, 그런가 하면 행동behavior적 학습으로, 혹은 인지적 왜곡으로, 혹자는 시스템 즉, 가족체계 속에서 설명을 시도합니다. 그러나 저는 단순하게 모든 상황이 모두 특수하다는 전제를 가지고 그저 성경 속 인물 그 이야기마다 저의 입장에서 질문하고 재구성하는 방식으로 접근해 봅니다.

글쓰기 방식도 기존의 방식과 다르게 시도해 봤습니다. 첫째 언어적 구사입니다. 보통 책이나 논문은 문어체를 사용해야 하나 저는 구어체와 존칭으로 쓰고 싶습니다. 왜냐하면 책의 목적에 맞게 이야기를 하고 싶을 뿐입니다. 논문처럼 출처를 밝히고(사실 게을러서 하기 싫어서이기도 하지만) 수치를 제공하는 설명체나 설교처럼 설득하고 결단을 촉구하는 방식이 아니라 여러분과 그저 이야기를 하고 싶습니다. 저의 목적이 설명이나 설득이 아니기에 결론은 거의 없고 "그럴지 않을까요?" "그럴 수도 있지요?" "추측 가능합니다"란 애매모호한 어투가 대부분입니다. 그 이유는 제가 여러분께 이렇다 저렇다 할 위치도 입장도 아니기 때문입니다. 또한 실제로 사사 입다가 왜 그랬는지? 하나님께서 왜 그러하셨는지 저는 추측만 할 뿐이지 단정 지을 수 없다고 생각하기 때문입니다.

1

디모데야 어여 오거라~

● 디모데후서 4장 ●

"당신이 디모데요?"

"네. 그렇소만…?"

"어쩌다 지금 오셨소?"

"무슨 말이오?"

"혹시 여기 수감되었던 노老사도를 만나러 오지 않았소?"

"그렇소만… 그런데 그분은 지금 어디 계시오? 분명 여기 수감되어 계시다고 편지까지 하셨는데…"

"아이고.. 그 노인께서 겨울 내내 저기 담벼락에 서서 항구를 바라보시면서 당신을 기다렸다오… 배만 들어오면 혹시 누가 내리나 매일매일 바라만 보고 있었다오. 그리고 어제 사형장으로 가시면서 나에게 이런저런 물품을 주시면서 당신이 오면 꼭 건네 달라고 했어요… 아휴… 그 양반…"

청년 디모데는 그 자리에서 가지고 온 물품을 떨어뜨리며 오열을 터트립니다. "스승님…스승님…." 청년 디모데는 후회했습니다. 이런저런 일을 보고 올 것이 아니라 스승님의 편지를 받자마자 뛰어올 걸 하는 후회가 밀려왔습니다. 그분과 사지를 넘나들며 오지를 다니던 그때를 떠올리며 통곡을 합니다. 그 따뜻하셨던 스승님, 당신의 건강은 아랑곳 하지 않고 복음전선에서 늘 앞장서셨던 그분의 마지막 가시는 것조차 못 뵌 것이 너무 고통스러웠습니다.

> "너는 어서 속히 내게로 오라(9절)……중략……너는 겨울 전에 어서 오라(21절)…."

노사도께서는 왜 속히 오라고 하셨을까요? 왜 겨울이 오기 전에 오라하셨을까요? 그 이유가 될 만한 단서가 13절에 있는 것 같습니다. (네가 올 때에 내가 드로아 가보의 집에 둔 겉옷을 가지고 오고 또 책은 특별히 가죽 종이에 쓴 것을 가져오라) 겉옷과 가죽 종이를 바라시는 부분이 나옵니다. 그렇다면 지중해의 겨울이 매서웠던 것은 아니었는지 상상해 봅니다. 사도 바울께서는 이미 건강도 건강이지만 지중해 겨울을 차디찬 감옥에서 보내시기에는 너무 연로하셔서 그럴 수도 있으셨을 것 같습니다.

그런데 그 겨울 추위가 두려워 사역에 바쁜 제자 디모데에게 만사를 제치고 당신을 보러 오라고 하실 분이라고 생각하기에는 그분의 사역에 대한 이야기는 영웅적이며 너무 드라마틱하고, 사역에 대한 열정은 남다르셨습니다. 본문 17절에도 전도사역에 대한 이 노사도의 열정은 그대로 드러납니다. (…주께서 내 곁에 서서 나에게 힘을 주심은 나로 말미암아 선포된 말씀이 온전히 전파되어 모든 이방인이 듣게 하려 하심이니 내가 사자의 입에서 건짐을 받았느니라)

그렇다면 사역에 대한 열정과 특히 가르치는 사역과 신학적 작업에 매진하시던 그분의 노력으로 봐서 정신이 까마득해지시기 전에 가죽 종이가 절실히 필요하셨을까요? 그분의 삶의 이야기를 아는 독자라면 충분히 그럴 수 있다고 추측됩니다. 그러나 저는 그렇게 생각되지 않습니다. 왜냐하면 그분 옆에 사도 누가께서 그분의 건강과 글쓰기를 보필하시고 계심을 11절에서 우리는 미루어 추측할 수 있습니다.(…누가만 나와 함께 있느니라…) 사도행전을 집필하셨던 사도 누가께서 옆에 계신다는 것은 건강도, 집필에 필요한 가죽 종이에 대한 조급함도 아님을 충분히 알 수 있으리라 짐작됩니다. 의사 누가께서 어련히 노사도의 집필에 필요한 것과, 건강을 챙기셨을 것이라 생각됩니다.

그 보다는 그분의 쓸쓸함을 드러내시는 부분이 설교자인 저의 상상을 더합니다. 의사 누가께서 노사도 옆에 계신다는 이 부분에서 저는 노사도의 영적 속살을 볼 수 있었습니다. 당신께서 가치를 두고 있는 인간관계, 섭섭했던 것, 속상했던 것, 그리고 또한 보고 싶은 그 누구에 대해 말씀하시고 계십니다. "이 세상을 사랑하고 당신을 떠나 버린 데마(10절)에 대한 섭섭함, 누가만 남은 상황(11절)의

쓸쓸함을 그대로 드러내십니다. 물론 독자인 제가 보기에 섭섭하고, 쓸쓸한 것으로 해석한 것입니다.

그것만이 아닙니다. 이 부분은 압권입니다. 저에게 위로가 되고 동병상련을 느끼게 하는 부분이 또 있습니다. 구리 세공업자 알렉산더가 당신에게 해를 입힌 것(14절)이 가슴에 얹혀있으신 것 같습니다. 그러한 감정을 수제자에게 날 것으로 드러내십니다. "주께서 그 행한 대로 갚으시리니"(14절) 이것이 저에게는 도저히 용서의 선언으로 들리지 않습니다. 용서가 아니라 마음의 응어리를 그대로 드러내신 것 같습니다. 만약 저라면 아마도 수제자에게 이렇게 저의 강팍한 모습을 나타내지 못할 것 같습니다. 그렇게 밉던 ○○집사를 미워하지 않으려고 새벽기도 때마다 울부짖던 그 순간이 생각납니다. 그런데 이 노사도께선 속살 그대로 드러내고 계십니다. 그러고 보니 성경에는 이런 부분이 꽤 있군요. 시인이자 구약학자셨던 고 문익환 목사님께서 말씀하셨듯이 시時 중의 시라고 하는 시편, 영적 숨결을 고스란히 담고 있는 시편의 기자들도 때론 무서운 단어를 쓰면서까지 자신의 속내 드러냄을 우리는 시편에서 쉽게 볼 수 있을 것입니다.

독자인 저 자신에게 이 노사도의 모습은 저에게 위로를 줍니다. 사도 바울이 여러분에겐 어떤 분이십니까? 저에게는 넘지 못할 엄청난 영적 깊이가 있고, 세상사에서 흔히 있을 인간에 대한 배신감, 섭섭함, 그 속에서 오는 고독에 대해 초연하시고, 초월적이실 것 같은 그분께서 담담히 쓸쓸하고 섭섭함을 드러내셨습니다. 목사로서의 영적 속살, 그리도 갈급하던 영적 깊이와 승화에 대한 갈망이 이 부분에서 실망을 하기는커녕 위로를 받았습니다. 그 동안 저와 싸우며, 저의 역한 속살을 그리도 탓하던 저의 모습을 위로받고 있습니다. 저는 목회할 때 교인들에게 섭섭했던 순간이 많이 있었거든요. 그리 입의 혀처럼 굴던 교우께서 등을 돌리실 때, 저를 자식처럼 여기시는 아버님 같은 장로님께서 연말 사례비 책정하실 때 짠돌이로 변하실 때, "이 세상에 믿을…… 하나도 없어" 이렇게 주절거리던 저에게, 주일 예배가 끝난후에 밀려오는 그 허전함과 쓸쓸함을 이기지 못하는 저의 영적 가벼움을 탓하고, 자학할 때가 많았거든요.

그런가 하면 당신을 적극적으로 변론해 주지 않았던 분들에게 허물을 돌리지 않기를 바라시는 모습(16절)에는 또 다른 인간관계에 대한 양가감정을 드러내시기도 하고, 당신의 일에 유익하다는 마가(11절), 영어의 몸이 되신 그 순간에도 사역에 대한 코치를 해 주시며 두기고를 에베소에 보내신(12절) 것을 언급하시기도 합니다. 이런 편지를 읽어 내려간 청년 디모데의 눈은 어떠했을까요? 어떤 심정으로 자신의 스승을 읽어나갔을까요?

저를 이제까지 붙잡고 있었던 신앙관에는 죄책감과 수치심이 밑마음에 자리하고 있었던 겁니다. 엄밀하게 보면 저 자신이라기보다는 제가 커온 ○○교회와 ○○목사님들, 즉 특정 신학관이 저의 신앙관을 형성해준 것이지요. 다시 말하면 성경 자체가 죄책감과 수치심을 강조한 것이 아니라 인간이 만든 종교적 틀, 해석이 죄책감과 수치심을 심어 준 것이었습니다. 혹시 우리는 주의 자녀, 주의 제자가 되어야한다는 미명하에, 순결하고, 고결한 신앙인이 되고자, 영적 성숙과 깊이를 위해 노력한다는 것이 도리어 죄책감과 수치심으로 몰아가는 것은 아닌지요? 영적인 정진을 한다는 것이 종교적 죄책감으로 '나를 쳐 복종한다'는 말씀을 곡해하고 있지는 않은지요? 저의 감정이 흐르는 대로 흘려보내는 것도 나쁘지 않을진대, 감정에 빠져드는 나 자신을 따라가며 인도하시는 그대로 은혜의 강수에는 빠져보지 못한 거죠.

데이비드 호킨스는 자신의 책 『의식의 혁명』을 통해 인간의 의식에도 에너지 레벨이 있다고 밝힙니다. 사람의 마음상태 중 하나인 무기력의 에너지는 50, 슬픔의 에너지는 75, 용기는 200, 사랑은 500 이런 식으로 의식에는 에너지가 흐른다는 것이지요. 그런데 놀라운 것은 이 죄책감과 수치심은 가장 낮은 에너지 레벨로서 수치심은 20이고 그 에너지 레벨이 자신과 타인에게 굴욕적으로 반응하게 하고, 죄책감은 30으로서 비난이란 모습으로 둔갑하여 에너지가 움직여진다는 겁니다. 타인을 축복하고, 삶의 고요함을 조정통제하고, 이해와 용서를 할 수 있는 것은 어떤 의식을 가지고 있느냐에 따라 나타난다는 것입니다. 제가 이해한 만큼으로 말씀드리자면 의식이 에너지로 전환되고, 그 에너지가 의식을 강화하는 순환구조를 갖는다는 호킨스의 실험결과인 것 같습니다. 타인에게 반응할 수 있는 의식의 에너지, 자신에게 향한 의식의 에너지는 개인의 삶만이 아니라 영성을 강조하는 신앙관에도 매우 중요한 것 같습니다.

상담현장에서도 이 죄책감과 수치심을 안고 사는 분들을 만나면 그 어느 상담보다 어렵습니다. 상담이 맴맴 도는 현상을 많이 경험합니다. 이런 분들의 '상태'를 이러저러한 심리학에서는 여러 '추측'과 '가설'을 설정해 뒀습니다. 그리고 이 분들을 가르치고 해결책을 제시합니다. 어떤 이론은 죄책감과 수치심이 어린 시절(5세 이하의 영·유아 시기)의 양육자와 관계에서 형성된 것으로 무의식 세계에 똬리를 틀고 있다가 어느 특정 사건이나 상황을 만나면 무의식 세계를 뚫고 나와 빵하고 터져 버린 심리적 현상이라고 설명하고 있습니다. 혹은 어린 시절부터 가족이란 체계system 안에서 다른 가족 구성원과의 관계와 상호 역할 교류나 반응 등을 경험하면서 성장해 온 결과란 것입니다. 그 외에도 상황에 대한 잘못된 해석이랄지, 습관이 잘못들은 것이랄지 여러 가지로 설명을 시도했습니다.

죄책감과 수치심을 설명하고 규명하기 위한 이러한 설명, 관찰, 실험과 노력은 어느 정도 일리도 있고, 상당히 그럴 듯하게 개개인에게 적용되기도 합니다. 그러나 결정적인 문제는 이 모든 설명을 다 합쳐도 일개인이 느끼는 감정을 100퍼센트 설명 가능하지 않다는데 있습니다. 이 세상에 그 어떤 이론도 인간을 100퍼센트 설명 가능한 것은 없습니다. 아주 쪼금, 정말 일부만 설명 가능할 뿐입니다. 즉 예외가 반드시 모든 개인에게 있다는 것입니다. 하나님은 인간을 창조하셨을 때 개개인 모두에게 그 예외를 어딘가에 묻어 두셨습니다. 마치 지문하나로 세계 인구 전체를 구분할 수 있는 것처럼.

이 예외가 개인을 특징짓게 하고, 이것이 개인의 독특한 자기만의 삶의 방식을 꾸리게 하는 엄청난 자원인 겁니다. 그런데도 그 예외적인 것의 주인인 그 자신은 자신의 자원을 사소하게 생각하는 경향을 보입니다. 왜냐하면 죄책감과 수치심은 심리학이란 어렵기도 하고 심오한(?) 것을 다룬 것이기에 감히 우리 같은 일반인이 함부로 그 가르침을 거부하기 어렵다고 생각하는 것이 아닐까요? 즉, 학문의 권위가 우리를 지배하는 거죠.

이런 겁니다. 제가 어떤 사건을 보면서 "아휴 창피해~"라고 하는 것은 제 자신 본연의 생각과 해석이 아니라, 제가 속한 문화가 '이런 사건은 창피한 것이야'라고 이미 정해져 있는 것이고, 그것을 저는 당연히 여기고 의심 없이 그렇게 살고 있는 것입니다. 즉 기준을 제공한 겁니다. 그러니까 목회라는 사회문화적 기준은 '목사는 남을 미워하는 것을 부끄럽게 여기고 수치스러워해야해'라고 이미 형성되어 있었던 것이고, 저는 그런 목사가 되기 위해 부단히 노력했던 것입니다. 정리해서 말씀 드리면 이렇습니다. 목회자로서 저에게 있었던 죄책감과 수치심은 심리학 일반에서 설명할 수도 있겠지만 저의 상황에서 보면 목회자로서의 특수성, 그리고 제가 몸담고 있던 특정 종교와 그 특정 종교 안에 특정한 목회자의 신학적 관점이 저에게 영향을 미쳤다고 생각합니다. 다시 말하면-학자들의 말을 빌리자면-사회적으로 구성social construction된 가치와 의미가 저에게 특정한 느낌을 가지게 했다는 것이지요. 오해하지 마시기 바랍니다. 제가 지금 "목사도 사람이에요"라고 시답잖은 말을 하고자 하는 것이 아닙니다. 목회자만이 아니라 우리 모두는 할 수만 있으면 사람을 미워해서는 안 되는 거죠. 저는 다만 수치심, 죄책감의 근원이 심리학에서 이야기하는 그런 근원은 아니란 것입니다.

성경도 마찬가지입니다. 이미 다들 아시다시피 성경이란 성경 자체가 저에게 말씀하시기 전에 제가 태어날 때부터 만들어진 안경을 끼고 볼 수밖에 없지요. 여러분도 저와 마찬가지 아닐까요? 이야기 치료란 안경을 낀 저의 눈으로 보면 성경은 죄책감과 수치심에 대한 설명이나 근원엔 함구합니다. 그리고 이 사회문화적 굴레에서 해방을 선포하시고, 자유함을 허락하십니다. 또한 알량한 저의 지식의 눈이 성경이 쓰인 당대의 사회문화적 굴레는 당대의 주류 사회를 받쳐주었던 율법이 아니었을까라는 질문을 하게 합니다. 그 율법으로 개개인의 삶에 적용하고, 옳고 그름의 잣대로 삼는 기준으로 작동된 것은 아닐까 하는 의문. 그런데 예수란 엉뚱한 분이 나타나셔서 자신을 하나님의 아들이라 스스로 칭하시고 율법을 뛰어넘는 그 무엇이 있다고 선포하셨다고 저는 저를 위해 성경을 보고 있더군요. 그런데 당대에 예수님은 당대의 사회문화적 관점이 아닌 또 다른 관점을 제시하셨습니다. 그 이유 하나만으로 예수님은 당대의 주류에게는 아무리 좋게 말해도 '예외'이고 '튀는' 것이고 '엉뚱한' 것입니다. 심하게 말하면 '광기'이고 아웃사이더이고, 막 되먹은 분, 심지어 죽여야 될 분이 된 것은 아닐까 하는 생각까지 미치게 되었습니다.

제가 목회 할 때 어처구니없는 행동을 한 적이 있습니다. 그 해 겨울은 몹시도 추웠습니다. 교회를 개척하기 위해 아직 아무도 입주하지 않은 상가 4층을 계약했습니다. 목회 생애 가장 중요한 때라 여겨서 첫 예배를 드리기 전에 금식 기도를 했지요. 이불을 뒤집어 쓰고 강대상에 앉아 기도하다가 더운 물 한 잔 마시기 위해 부엌으로 가던 중, 같이 개척하고자 했던 교우 한 분이 올라오는 발걸음을 들었습니다. 그 순간…그 땐 제가 저 자신이 아니었습니다. 이럴까 저럴까 생각도 안 했습니다. 순식간에 빛의 속도보다 빨리 튀어나가 다시 강대상에 앉아 웅얼거렸습니다. 왜냐하면 보여주기 위함이었습니다. 추운데서 떨면서 기도하는 자신의 목사님을 보면 굉장히 존경스러워 할 것 같았습니다.

그런데 여러분 진심으로 고백하건데 전혀 의도하지 않았습니다. 정말 자동적이었고, 순간적으로 저의 몸은 부엌에서 튀어나왔습니다. 그 순간에는 전혀 의도가 없던 의도성이었습니다. 이런 저의 행동을 무의식의 발로니, 방어기제니 하는 것으로 설명하려는 심리학적 가설도 있지만 그건 어디까지나 가설이고 심리학적 소설일 뿐입니다. 제가 지금 부끄러운 저의 자화상을 변명하고자 하는 것이 아닙니다. 사회문화적으로 '규정된' 역할이 얼마나 강한 영향력을 행사하는지를 강조하고 싶은 것뿐입니다. 자기가 '터'한 문화에서는 자신이 사는 것이 아니라 그 터한 문화가 개인의 삶을 지시하고 있다는 것을 저의 예로 밝히고 싶은 것뿐이니 저의 이 고백을 양해 바랍니다. 터한 문화를 뛰어 넘을 수 있는 것은 두 가지뿐이 아닌가 생각합니다. 도의 경지가 하늘에 닿아있던가 아니면 자신의 터에게 기꺼이 손가락질 당하며 그냥 살아야 하는 운명을 감수해야 하지 않을까요?

이것을 담론의 힘이라고 학자들은 말하더군요. 거대담론meta-discourse 혹은 거대이야기meta-narrative 혹은 기존 주류이야기의 힘이라고 말할 수 있습니다. 이 이야기는 그 사회가 강조하고자 하는 가치, 의미, 삶의 방식, 생각하는 틀 등을 품고 있습니다. 그리고 직접적으로 그 사회의 일원들을 그 틀 속에서 움직이도록 하는 힘이 있습니다. 이것을 푸코Facuelt라고 하는 분은 문화권력의 힘이라고 정의하더군요. 권력이라고 하면 정치권력이나 어떤 물리력을 가진 것이라고 생각하기 쉬운데 이 분에 의하면 우리 삶 속에서 보이지 않는 손으로 작용하는 것이 이 거대이야기라는 것입니다. 인간이라면 누구나 이 거대이야기, 즉 그 문화와 사회가 요구하는 신념에서 자유로울 수 없다는 것입니다. 그래서 호나이Horney라는 분은 이렇게 말합니다. 이러한 거대이야기는 당위성을 부여하는 "의무감의 학대The tyranny of ought"를 만든다는 것입니다. 이것은 그 사회에서 요구하는 신념에 복종하던가 아니면 기꺼이 희생을 감수해야 한다는 것이지요.

이즈음해서 노사도의 이야기로 다시 돌아가 보겠습니다. 노사도께서는 수제자 디모데 앞에서 만큼은 저처럼 영적이고, 차원 높은 선생님의 위치를 고민하시지 않은 것 같습니다. 그렇다면 당대의 문화에서는 사도와 제자 사이에 그런 허물과 벽이 없었을까요? 절대로 그렇지 않았음을 우리는 알고 있습니다. 서양 문화사에 나오는 그리스 로마 철학자와 당시의 학업과정에서 스승과 제자 사이가 얼마나 위계적이고 도도한 것인지 여실히 들어 알고 있습니다. 그럼

사도 바울은 어떤 분이십니까? 잘 아시다시피 그분은 최고 권위를 부여받은 가브리엘 문하생이자, 로마 시민권을 가진 엘리트 중의 엘리트였습니다. 즉 스승과 제자 사이가 어떠한 위계가 있고, 어떤 권위에 서 있어야 하는 것이 스승의 자리라는 것을 충분히 아실 거라는 것을 우리는 미루어 짐작할 수 있습니다. 그럼에도 불구하고 그분은 젊은 제자 디모데에게 힘들고 아팠던 관계에 대해 그대로 이야기하고 있습니다.

그렇다면 우리는 세 가지 가능성을 추측할 수 있습니다. 하나는 기존 심리상담에서 이야기하는 무의식의 발로랄지, 최악의 상황에서 초자아적 성향이 무너졌다던지 하는 가설에 의존하는 것입니다. 바울 사도께서도 기존심리학의 범주에서 벗어나지 못하는 영성이신거죠. 그게 아니라면 우리가 생각한 만큼 그리 크고 비범한 분이 아니었을지도 모르고, 심지어 천박한 스승 상이었을지도 모릅니다. 그것도 아니면 이 분은 그 이상을 넘어선, 즉 사회문화 담론과 상관없이 주체적인 삶의 전형을 보여 주신 것이 아닐까 추측해 봅니다. 당신의 제자와 주안에 맺은 연과 사역에서 겪은 끈끈한 동지애란 특별하고 개인적인 문화를 충분히 살고 계신 것은 아닐까요? 저처럼 어떤 사회적 기준에 움직여지는 로봇이나 러시안인형 같은 모습이 아니라 자신의 특별한 인연과의 관계에서 자신의 마음 가는대로 움직일 수 있는 저력이 아닐까 생각합니다. 간단하게 말해서 자연인 그 자체를 사신거죠. 저에게는 이 모습이 더 멋스럽게 보입니다.

그러면서 하나 덧붙이시는 이 말씀은 더더욱 저에게 위로가 됩니다. 늘 판단의 잣대가 나를 짓눌렀는데 고린도 교회에 말씀하신 것입니다. "너희에게나 다른 사람에게나 판단받는 것이 내게는 매우 작은 일이라 나도 나를 판단치 아니하노니, 내가 자책할 아무것도 깨닫지 못하나 그러나 이를 인하여 의롭다 함을 얻지 못하노라 다만 나를 판단하실 이는 주시니라"(고전 4:3-4) 저의 목적과 의도에 의해 사도 바울의 말씀을 끌어들인 것이 혹시 성경말씀을 저의 필요에 따라 끌어다 쓰는 것은 아닌가 조심스럽습니다.

우리는 과학이 강조되고, 과학의 가치를 숭앙하던 시대를 건너왔습니다. 그래서일까요? 신앙의 이야기도 과학으로 풀어보려는 경향을 보입니다. 과학은 과학이 필요한 단어와 이야기 패턴이 있고, 신앙은 신앙이 가지고 있는 고유 영역이 있기에 신앙의 언어와 이야기가 있습니다. 마음공부는 마음공부의 언어와 이야기가 있을텐데 이것 역시 과학적이거나 학문적인 영역으로 끌어들여 범주화하고, 개념화해야 직성이 풀리던 시대에 우리가 살았습니다. 그렇게 해야 뭔가 그럴싸하게 보이는 건 아닐까요? 왜냐하면 과학적 틀을 이용해야 학문으로 인정받기 때문입니다. 예를 들면, 물리학이나 심리학 박사학위를 쓰는데 그 논문 결과물을 시로 썼다면 어떻까요? 아마도 논문 심사위원은 뒤로 넘어지지 않을까요? 만약 바울 사도가 아니고 필부였다면 뇌 과학을 들이 밀던가, 심리학에서 사용하는 언어를 이용했다면 더욱 그럴싸하게 설명되는 듯하지 않을까요?

이런 우리에게 바울 사도께서 갈라디아 교회에 말씀하신 것이 저에게는 좀 더 다른 색체로 들렸습니다. “우리도 어렸을 때에 이 세상 초등 학문 아래 있어서 종노릇 하였더니, 때가 차매 하나님이 그 아들을 보내사 여자에게서 나게 하시고 율법 아래 나게 하신 것은 율법 아래 있는 자들을 속량하시고 우리로 아들의 명분을 얻게 하려 하심이라 너희가 아들인고로 하나님이 그 아들의 영을 우리 마음 가운데 보내사 아바 아버지라 부르게 하셨느니라. ….그러나 너희가 그때에는 하나님을 알지 못하여 본질상 하나님이 아닌 자들에게 종노릇 하였더니 이제는 너희가 하나님을 알뿐더러 하나님의 아신바 되었거늘 어찌하여 다시 약하고 천한 초등 학문으로 돌아가서 다시 저희에게 종노릇 하려 하느냐”(갈 4:3-11)라고 하시면서 예수님의 선포를 충실하게 다시 선포하십니다.

저의 귀에 이 ‘초등’ ‘약한’ ‘천한’이란 단어는 과학의 영역과 학문적 영역을 초딩 수준으로 폄훼한 것으로 들리지 않습니다. 맥락 전체로 보면 ‘종노릇’에 있다고 봅니다. 바울 사도가 누구십니까? 학자 중의 학자요 당대에 내로라하는 지식인이었습니다. 그런 분이 학문을 함부로 말씀하시지 않을거라고 생각합니다. 신앙인의 자리, 신앙인의 관점에서는 복음의 영역, 신적 권위 앞에서 모든 것이 ‘초등’이지 않을까요? 영역을 달리해야 할 것, 이야기를 다른 관점에서 풀어야 할 것을 한 방향에만 ‘종노릇’하지 말라고 하시는 것은 아닐까요? 제가 많이 자의적인가요? 당대에 예수 이전에 쌓아놓은 잣대에 맞춰 모든 것을 재단하기에는 예수 이야기는 너무 색다른 것 아니었을까요?

전제 두지 않기

이 부분의 내용이 여러분에게 지루하실지 모르겠습니다. 그러나 몇 쪽 되지 않으니 조금만 참고 봐 주시기 바랍니다. 이야기 설교를 한다는 것은 이야기'식'story-telling으로 성경 이야기를 꾸며서 설교를 한다거나 스토리텔링이 아닙니다. 스토리텔링이나 설교를 이야기로 꾸며서 하는 것은 '이야기 방식', 즉 설교 방법론 중의 하나라고 할 수 있습니다. 물론 저는 설교학 교수가 아니기에 그 영역에서 어떻게 말하는지는 모르겠습니다. 다만 제가 하는 이야기치료에서 이야기story≒narrative는 철학 분야의 해석학 영역에서 찾아낸 세계관입니다. 그러므로 이야기 설교란 이야기narrative라는 존재론과 인식론적 틀을 가지고 성경을 보는 것입니다. 즉 이야기 설교는 이야기라는 세계관으로 성경을 이해해 보려는 시도입니다. 이런 이야기 접근법narrative approach을 중심으로 상담/치료에 적용하듯 성경을 읽고 질문하고 묻는 것입니다.

해석학적 틀에서'이야기'란 학문하는 사람들이 근원을 묻다가 찾은 현대인의 인식입니다. 즉 세계의 근원이 무엇인가라는 질문에 '물'이다(탈레스), '정신'이다(프로이드), '객관적인 물질세계'(사실주의)라고 대답하듯 세계의 근원, 인간은 어디서 왔는가? 마음의 근원은 어디인가? 등의 질문을 하며 물질의 원자에서 찾아보고, 가설을 세워 아메바가 진화되었다고도 해 보고, 이성이 근원이라고도 생각해본 것입니다. 그런데 그런 것이 우리가 찾던 근원으로서는 미흡하기 짝이 없고 다만 문헌만 존재하더란 거죠. 그러니 또 문헌 즉, 문자란 무엇이고, 그 문자는 어디서 왔는지를 묻다보니 세상에 문자가 생긴 근원이 신화에만 존재하더란 말이죠. 그럼 신화는 어디서 왔는가? '그'신화에는 원조가 있을텐데, 그 원조는 무엇인가? 단군신화일까? 메소포타미아 신화일까? 올림푸스 신화일까? 연대기적으로 보면 이해는 조금 되지만 그렇다고 그 위에 그 원조는? 여기서 막혔습니다. 이야기가 여기저기에서 서로 영향을 주고 모방mimesis된 것뿐이지 그 원조를 찾지 못했습니다.

결국 우리가 현재까지 도달한 것이 '이야기'만 확인 할 수 있다는 것입니다. 이런저런 이야기만 있는 것입니다. 즉 이야기 안에 우리가 보고 싶어하는 세계의 근원, 물질이란 사실이 이야기로만 존재하고 있다는 결과에 마주하게된 것입니다. 이것이 세계의 근원을 찾을 수 있는 인간의 한계입니다. 이야기story로 구전되던 것을 철학이란 영역의 틀로 엮어서 이해해 보려고 했고, 예술, 문학이란 범주에서 표현해 보려고 했고, 과학적인 방법으로 찾아보려고 인류는 노력했던 것입니다. 이런 노력들을 언어라는 매개를 통해 지금 우리에게 전해지고 있는 거죠. 이것을 세계관이라고 하거나 인식론이라고 하지요. 그런데 이런 인간 학문에 근간해서 발전한 세계관이 우리 신앙의 삶에도 깊숙이 자리하고 있습니다. 이것이 나쁜 것도 아니고 부정해야 할 것도 아니고 거부할 수도 없는 것이지요. 그러나 우리의 또 다른 면을 잃는 것은 아쉽고 경계해야 할 것이 아닌가 생각해 봅니다.

예를 들면, 성경의 창세기 1-2장은 창조에 관한 이야기입니다. 제가 지금 '이야기'라고 했습니다. 이 말이 불편하신 분 있으신지요? 아마 최소한 기독교인이라면 불편해하지 않으실 것이라 추측합니다. 그러면 다시 한 번 여쭙지요. 창조이야기는 신화다 혹은 설화說話다(?). 이 말은 불편하십니까? 혹시 불편하시다면 설화도, 신화도 이야기인데 왜 불편하신지요? 혹시 진실 혹은 사실이 아니라는 다른 표현 같아서 그렇지는 않습니까? 쉽게 말해서 '꾸며진 이야기' 혹은 '허구'란 의미가 내포된 듯해서 그렇지는 않습니까? 혹시 그러시다면 이런 질문은 해 보셨습니까? 신화를 허구란 단어로 규정하는 것은 누구? 어느 관점에서 일까요? "와 그 사람 신화야..신화!" 라고 하던지 "야~ 내가 신화야!"라고 한다면 이런 말을 한 '주체'는 어떤 의도에서 그렇게 말하는 걸까요? 허구? 꾸며진 이야기? 못 믿을 진실? 사실이 아닌?

일보 뒤로 해서 '허구'라고 가정해 보고 다시 여쭙겠습니다. 그렇다면 하나님의 창조이야기가 여러분 자신에게 기독교인으로서 그리도 의미가 없습니까? 누군가 '사실이 아닌 꾸며진 것'이라고 치부한다고 해서 그 귀한 절대자에 대한 체험, 비록 개인적이고 설명해 내기 불가능한 자신의 영적 체험은 어떻게 받아들이겠습니까? 초월적인 그 순간을 굳이 '사실적'으로 이해받고, 이해시켜야 합니까? 자신에게 그 초월적 경험은 그 자체로 중요하지 않을까요? 그 영적, 초월적, 개인적 경험 자체가 개인에겐 신화가 아닐까요? 다른 말로하면 신비이겠지요. 어떠세요? 자신의 신비한 그 영적 체험을 누군가가 꾸며진 이야기라 할지라도 자신에게는 소중한 의미이고 가치입니까? 아니면 초월적 경험 이야기를 사실이냐 허구냐, 진실이냐 거짓이냐로 그 중요성을 구분하여야 하는 걸까요?

그럼 다른 쪽을 한 번 생각해 보죠. 인간의 많은 활동을 무의식이 지배하고 있다는 것은 인정하십니까? 혹시 인정하신다면 그건 어떻게 인정하실 수 있습니까? 무의식을 보거나 만지거나 실체로 경험하신적은 있습니까? 무의식이 꾸며진 이야기라고 의심은 해 보신 적이 있습니까? 인간을 의식 세계와 무의식 세계로 나눌 수 있다는 것이 진실이라 말할 수 있습니까? 가설이 아닙니까? 혹시 그렇다면 더욱 의구심이 드는 것은 진실에 대한 것입니다. 혹시 독자 분께서는 진실(사실)이 무엇what인가를 묻기 이전에 '왜why 진실이 되었을까?, 왜 진실이라고 하였을까?'란 질문을 해보신 적은 있습니까? 그리고 누가 그것을 진실이라 했고, 무엇을 위해? 누구를 위해 그 진실이 중요한가는 물어 보신 적이 있습니까?

저는 자신있게 말할 수 있습니다. 무의식은 있다 없다, 사실이나 거짓으로 말할 수 있는 부분이 아닙니다. 최소한 과학적 체계나 관점으로는 그렇게 말할 수는 있겠습니다만 결코 있다고 말할 부분은 아닙니다. 단지 무의식이 있다는 이야기를 만든 사람과 그 이야기를 믿고 따르는 사람은 있지요. 엄밀히 말해서 무의식은 실재a reality하는 것이기 보다는 가설a hypothesis에 불과합니다. 이 가설이 과학만능시대modernism에 과학적 실험으로 검증된 것도 아니고, 만유인력

법칙과 같은 일정한 상황에서 일정한 방식이나 법칙을 확인시켜 낸 것도 아닙니다. 그럼에도 불구하고 현대의 우리는 무의식이란 것을 마치 진리truth인 것처럼 믿고 있습니다.

이건 과학의 문제도 아니고 진리도 아닙니다. 가설이었고, 그 가설을 학계에서 돌려가며 의논하고 토론하고, 그 토론과 의논이 우리 같은 일반인에게 퍼져서 어느 덧 대중적이 되고, 그 대중성이 한 날의 유행으로 끝난 것이 아니라 오랜 세월 생명력으로 유지되면서 보편이란 이름으로 그 지위를 누리게 된 것입니다. 다시 말해 '관념'이 상당히 오랫동안 여러 가지의 이론과 더불어 때론 대화하고, 때론 관찰을 통해서 발전되고 변화되어온 이론에 불과한 거지요. 게다가 이 이론의 주자들이 그 시대의 세계관을 주도하던 주도세력이었던 것입니다. 좀 어려운 말로 하면 거대 담론meta-discourse/meta- narrative의 생산기지이고, 그 담론이 사회를 더 엄밀하게 말하면 그들의 지위를 지켜주었습니다.

그렇다면 성경으로 돌아가 보지요. 성경의 창조는 사실a fact일까요? 과학의 영역에서 보면 기독교인이 아무리 우기고 싶겠지만 과학적 근거도, 검증할 수 있는 사실을 아무도 본 적이 없기 때문에 사실이라고 말하기 어렵습니다. 과학적으로 불가한 것입니다. 왜냐하면 창조는 역사상 유일회적인 것입니다. 재연될 수 없는 것입니다. 창조이야기는 최소한 과학적으로는 과학적 진리라고 할 수 없습니다. 무의식과 마찬가지로 검증 불가한 것이고, 실험 가능한 것도 아니며 법칙이라고는 더더욱 말할 수 없는 것이지요. 단지 창조 이론 즉, 이야기가 있을 뿐입니다. 마치 우주의 기원을 빅뱅이 있었다고 하는 이야기와 같습니다. 기독교 창조론과 궤를 같이 하는 빅뱅이론과도 같습니다. 둘 다 이론이며 가설입니다. 창조이론, 진화이론, 빅뱅이론 모두 마찬가지이지요. 심리학의 기초가 되어온 프로이드의 무의식 가설 또한 마찬가지입니다. 그럼에도 불구하고 창조는 단순한 이야기이고 무의식 세계란 이론은 과학적, 즉 뭔가 더 그럴듯한 것이라 생각하는 경향이 있다고 하면 저만의 생각일까요?

그렇다면 무의식 이야기도 창조이야기도 신념의 문제이고, 믿음의 관심사이지 과학적 잣대인 옳고 그름, 맞고 틀림의 사안이 아닙니다. 과학적 근거는 아무것도 없기 때문입니다. 그런데 이 두 세계관은 역사적으로 보면 서로 '사실truth이냐 거짓fault'이냐로 대립하기 일쑤였습니다. 그 보다 '어느 쪽', '어디에서', '무엇에 강조점'을 두고 '보고 싶어'하는지에 대해서는 관심을 가지지 않았던 거죠. 다시 말하면 과학주의자들이 가치로 두고 있는 것은 검증, 실험, 법칙 등으로 객관적으로 확인되어야 합니다. 반면 신앙인들은 의미, 가치에 더 집중을 하고, 형체가 없는 영적 경험에 더욱 치중하는 특수가 중요합니다. 그러니 이 둘의 잣대가 어찌 대립하지 않을 수 있겠습니까?

그런데 희한한 것은 무의식 이야기는 마치 사실, 진실, 진리인 것과 같은 지위를 누려왔고, 신화(이 단어에 기독교인은 불편해할 수 있겠지만)라고 할 수 있는 창조 이야기는 특수 집단(기독교 신앙인)의 자기 신앙쯤으로 치부되어 왔습니다. 그래서일까요? 심리상담 쪽, 심지어 목회상담의 어느 한 분파에서도 상담은 과학적 근거나, 역사적 지위를 부여 받은 무의식 이야기로, 신앙은 성경 이야기로 구분하거나, 혹은 통합해서 발전시키려 노력했습니다. 혹은 과학적 근거나 논리적 학문으로 성장 발전해온 것은 온전히 거부하는 방향으로 이르어진 목회상담 분파도 있다고 들었습니다. 저는 이 두 부분을 가름할 능력은 없습니다만 모두가 이야기인 것만은 알고 있습니다. 이야기는 문화와 역사, 경험과 해석을 포함하고 있지요. 즉 세계관입니다.

결론적으로 '세계는 이야기로 된 것'이라고 하는 것이며 인간은 이야기로 된 존재라고 합니다. 이 말은 인간이란 무엇인가란 질문을 파고 파다보니 이야기만 존재하고 있더란 결론입니다. 그 이야기 안에 '그' 사람. '그' 문화, '그' 나라의 행동양식을 볼 수 있습니다. 그 행동양식에는 행동action 그 자체만이 아니라 가치 있게 여기는 것, 의미를 부여한 것, 누군가를, 어떤 상황을 이해하려는 해석이 녹아 있는 것이지요. 이것을 행동양식이라고 합니다. 그러므로 이야기가 행동양식을 지시한다는 것은 세계관worldview이라고도 할 수 있습니다. 그러기에 이제 다른 방식의 세계관, 다른 방식의 인간 이해를 해 보고자 하는 것이 '이야기story'에 집중케 한 것이고 그것은 신비에서 시작한 것입니다. 인간은 무엇인가라는 질문에 이렇게 답할 수 있습니다. 인간은 이야기로 된 존재다. 즉 이야기가 신화이니 인간은 신비인겁니다. 그렇다면 이렇게도 말할 수 있습니다. 인간은 신화적 존재라고. 나는 신화라고. 우리는 신비라고.

그러므로 우리 모두는 신비입니다. 경험해야 할 신비, 이야기되어야 할 신비, 정신지체이든, 정신 분열이든 그건 이야기일 뿐입니다. 심리학이란 이름으로, 발달심리학자들의 이야기, 정신병리 연구자들의 이야기. 만약 정신지체가 '사실'(과학이나 과학적 학문이 말하는 사실, 진리)이라면 결론은 하나입니다. 하나님이(기독교의 언어로 말하면) 정신지체라고 규정된 그분들에게 억하심정이 있든지, 아니면 창조과정 중 실수하셨던가, 아니면 흔히 말하는 '크신 뜻'을 그를 통해 이루고 싶으셨던지. 어느 것이든 말이 안 되는 것 아시지요? 그분들의 현상을 이해 혹은 해석하기 위해 분석이란 방법, 범주로 분류해서 이해해 보려고 한 노력에 불과한 것이지, 신비(=그들을)를 경험하고, 또 다른 이야기를 전개, 구성, 채택해 보려는 노력을 이제껏 안한 것뿐입니다. 아니 어쩌면 과학의 언어가 워낙 기세등등해서 이제껏 그들만의 이야기가 전개될 공간이나 여유가 없었습니다. 그러므로 인간은 다시 이야기되어야 합니다. 과학적, 논리적 언어 외에 다른 방식인 신화적이거나 신비의 관점에서 이야기 해보는 것입니다. 이제까지의 방식에서 다른 방식으로'도' 이야기해 봐야하지 않을까요?

신비는 분석의 대상이 아니라 경험할 그 무엇이라고 저는 생각합니다. 신비는 경험하면 할수록 이야기가 만들어지고, 이해되는 듯하면서도 또 다른 이야기가 전개되는 그런 특이함이 있습니다. 즉 신비의 이야기는 구성construction된 순간부터 누군가에게는 이야기되고telling, 이야기 된 순간부터 누군가에게는 채택되고taking 채택되는 순간 또 다시 구성되고re-construction, 또 다시 구성되는 순간 또 다시 이야기되는re-telling 반복re-taking 또 반복됩니다. 이렇게 구성, 채택, 이야기하기telling가 반복되면서 우리가 경험한 신비를 이해하기 위해서 상상을 발휘하고, 우리 나름의 해석이 붙습니다. 우리 나름의 해석은 또한 사회문화의 여러 이야기, 즉 과학의 언어로 쓴 이야기, 철학의 언어로, 생물학적 언어로 쓴 이야기, 사회문화 담론, 예부터 전해져 온 신화 이야기 등등에 영향을 받습니다. 이들은 오늘 '나' 자신이 경험한 것을 '나'자신이 이해하도록 나름의 잣대를 제시하거나, 이해의 틀을 제공하고 있었던 것입니다. 여기서 중요한 한 가지 포인트를 주목하여 주십시오. '상상'입니다. 신비가 이해되고 경험되려면 상상의 힘을 빌려야 합니다.

그런데 기존까지 우리의 상담방식은 상담하고자 하는 당사자의 '이야기'를 듣고, 상상하고, 나(상담사)도 경험에 동참하려 하기보다는 '분석'하는 방식이었고, 미루어 짐작하여 해결책을 제시하는 것이었지요. 설교도 이 구조를 벗어나지 않을 때가 많은 것 같습니다. 설교자나 설교 듣는 자가 성경 이야기를 듣고, 상상하고, 자신이 그 경험에 동참해보는 것은 막혀 있는 구조가 아닌지 생각해 봅니다. 설교의 틀을 만들고 미리 결론을 정해 놓습니다. 그리고 설교자도, 설교를 듣는 자도 짜인 틀 안에 과학적이고 논리적인 방식의 설명을 채워 넣고, 결론을 유도하는 것 같습니다. 이런 틀에서 벗어나보기를 권하는 분이 있습니다. 구약학자이자 해석학자이신 월터 브루그만 입니다. 그분에 의하면 성경 읽기에 우리의 적극적인 상상 활동이 필요하다고 합니다. 브루그만에 의하면 2000년을 뛰어넘은 이 문화적 차이를 메울 수 있는 유일한 길은 설교자의 상상적 해석이라고 설파합니다(예언자적 상상력). 그리고 우리는 귀를 열고 "그(우리 주님)를 바라고 그의 긍휼하심을 바라는"(시 123:2) 자세가 되어야 합니다.

인간은 상상 없이 대화에 참여하기 어렵다고 생각합니다. 누군가와 무엇을 대화한다는 것 자체가 상상을 기반으로 할 수밖에 없습니다. 기존에 자신의 경험, 자신이 봐왔던 것을 기본으로 해서 이야기를 듣고 말합니다. 그 상상에는 무수한 공간이 존재함도 우리는 인정할 수밖에 없습니다. 하나님의 이야기를 들을 때도 과학 이야기를 들을 때도 우리는 자신의 상상을 피해서 들을 수 없는 한계를 가지고 있습니다. 그러기 때문에 우리는 다른 사람 이야기를 들을 때 우리는 나만의 상상의 한계를 조금이라도 더 채워갈 수 있다고 생각합니다. 단지 서로 간에 자신의 주체적 관점에서 서로에게 자신의 이야기를 들려주는 것이지요. 그러면서 때론 채택되어 영향을 주기도 하고, 어떤 것은 무시되어 그리 큰 영향이 없는 겁니다. 이것이 역사에서 이루어진 이야기의 순환 과정이라고 합니다. 이 과정이 얼마나 순환적으로 이루어지느냐에 따라 좀 더 풍부해지고 다듬어 지는 것이라고 하지요.

마치 결혼한 커플이 서로 다른 문화권에서 나고 자라서 만났을 때 서로 다른 삶의 방식과 단어를 써서 이야기로 커플의 삶을 영위하고 채워가는 것과 같지요. 새 신랑이 자신의 이야기를 풀어나가는 언어는 처가의 그것과 다를 수밖에 없습니다. 그러기에 주체적인 언어를 사용하지만 서로 간 대화의 틈을 열어 놓고 만나는 것이 이야기가 이야기를 만나게 하는 것이겠지요. 그런데 우리는 주체이나 대화의 중심 혹은 대화의 주인이 아닌데도 마치 중심인 것처럼 듣고, 말하기를 할 때는 그때부터 어느 한 방향만 고집하게 되고 불통하게 됩니다.

상담이란 전문가가 중심이 되는 것도 아니고, 내담자(상담을 필요로 한 사람)가 중심인 것도 아닌 서로 주체이지만 상담의 중심이나 주인이 아닌 것과 같은 것입니다. 이것을 주체이나 중심이 아닌de-centered 것이라고 합니다. 과학의 이야기도, 성경 말씀을 듣고 읽을 때도 마찬가지입니다. 우리는 모두 주체이지만 또한 주변일 수밖에 없는 사람입니다. 그러나 또한 영향을 줄 수도 있는 관계입니다. 성경과 과학, 논리적 학문도 그와 같다고 생각합니다. 서로는 주체적 언어가 있습니다. 그러나 어느 한 쪽이 중심적 위치에서 이야기되거나 대화하는 것은 또 다른 한 세계, 축복된 어느 세계를 잃어버리거나 무시하는 절름발이가 되어 버릴 여지가 충분합니다. 그것은 이미 역사가 증명해 주고 있습니다.

자 그렇다면 우리의 전제를 내려놓고 다시 오늘의 본문으로 돌아가 보겠습니다. 여러분의 충분한 상상을 동원하여 성경과 대화를 해 보십시오.

그럼 왜 노사도께서는 청년 디모데를 급히 부르셨을까요? 혹시 당신의 죽음을 미리 예견하신 것은 아닐까요? 내년 봄이 오기 전 당신은 주님 품으로 갈지도 모른다는 불안감이 있으시지는 않으셨을까요? 아니 죽음에 대한 불안감보다 '사랑하는 동역자' 디모데가 그리도 보고 싶으셨던 것은 아닐까요? 노사도께서는 지중해성 겨울을 알고 계셨지요. 지중해에 겨울이 오면 유라굴로 태풍으로 인해 배가 뜨지 못할 것을 예견하기 때문이지 않을까요?

> 그 항구가 겨울을 지내기에 불편하므로 거기서 떠나 아무쪼록 뵈닉스에 가서 겨울을 지내자 하는 자가 더 많으니 뵈닉스는 그레데 항구라 한쪽은 서남을, 한쪽은 서북을 향하였더라. 남풍이 순하게 불매 그들이 뜻을 이룬 줄 알고 닻을 감아 그레데 해변을 끼고 항해하더니. 얼마 안 되어 섬 가운데로부터 유라굴로라는 광풍이 크게 일어나니. 배가 밀려 바람을 맞추어 갈 수 없어 가는 대로 두고 쫓겨가다가… (행 27:12~)

혹시 제자 디모데가 이일 저일 처리하느라 항구에 11월경이나 도착하게 되면 디모데는 어쩔 수 없이 봄을 기다려야 하겠지요. 그러면 그 봄이 오기 전, 아니 디모데가 오기 전에 당신이 어떻게 될지 모른다는 불안감 아니셨을까요? 아니 노사도 자신의 처형에 대한 불안감보다는 사랑하는 디모데를 마지막까지 보지 못할지도 모른다는 간절함과 애틋함이 지금 이 노사도를 안절부절 못하게 만드는 것은 아닐까요? 저는 이 대목에서 인간에게 불안이란 것이 내재적 원인을 밝히려는 심리학적인 접근보다는 관계에서 오는 노사도의 애틋함이 묻어나는 듯했습니다.

불안의 원인이 무얼까요? 이것은 심리학에서 오래된 화두였습니다. 사실 원인은 고사하고 불안이란 무엇인지에 대해서조차 이견들이 많습니다. 생리적인 면에서는 호흡이 거칠고 소화불량이 생긴다거나 두통을 일으킨다거나 하는 증상이 나타납니다. 간단히 말해서 자율신경계의 증상이 뚜렷한 것이지요. 행동적인 면에서는 집중력이 떨어진다 하고 판단이 불분명해지거나 느려지기도 하며, 상황을 회피하기도 한다고 합니다. 인지적인 면에서는 한 마디로 소설을 쓰죠. 나쁜 가설, 즉 왜곡된 사고가 불안을 일으키는 것이지요. 어찌했던 불안에 대한 개념을 이야기하였거나 원인을 파악한 것이라기보다는 그 부산물을 말해줬다고 해도 과언이 아닐 겁니다.

여기서 심리학의 원조 프로이드를 언급하지 않을 수가 없습니다. 이분은 불안의 원인을 출산외상Birth Trauma에서 찾습니다. 젖을 통해 배고픈 욕구가 일어난 상태이거나, 조금 더 발전해서 양육자와의 분리 불안을 겪으며 자아성장 후에는 외부충격 즉, 기준에 대한 거부로부터 오는 불안을 말합니다. 아니면 리비도의 긴장이 불안을 생성한다는 겁니다. 즉 분출되지 못한 리비도의 발작(?)이라고 할 수 있습니다. 쉽게 말해서 이런 겁니다. 인간에게는 세 가지 형태의 인간 요소가 있다는 것으로서 구조이론적 관점에서 말합니다. 첫째로 욕구 덩이가 있다는 것입니다. 즉 원초적 성향이지요. 이 욕구 덩이가 날 것 그대로 올라오면, 교육 받고 훈련된 초자아가 자아에게 신호를 보냅니다. 그럼 자아는 방어기제란 무기를 가지고 욕구 덩이를 제압에 나선다고 하면서 불안이란 심리적이고 적응적 신호인 동시에 심리적 갈등의 발현이라고 설명합니다. 이런 영향을 받아 발달심리에서 좀 더 확장한 이야기가 다름 아닌 발달단계에 따른 위기와 극복에서 오는 불안입니다. 인간은 모두 발달단계에 따라 그에 맞는 과업, 즉 위기가 있다는 것입니다. 그 단계를 극복하는 것, 즉 과업 해결 과정에서 오는 긴장이 불안을 야기합니다.

모두 상당히 매력적인 설명입니다. 여러 방향에서 여러 이야기들을 했습니다만 누구도 이거다! 라고 규정할 수는 없습니다. 불안이란 것이 참 불안한 겁니다. 불안을 말로 표현한다는 것이 덜 불안하다는 반증입니다. 그 느낌! 그 불안한 상태를 어떻게 말로 표현합니까? 이것이 인간의 언어적, 인식적 한계이지요. 뭔가를 이해하기 위해서 언어로서 개념 규정을 하는 순간 그 실체의 일부만 표현하게 되어 실체가 가지고 있는 넓고 깊은 부분이 아주 좁은 틀(=언어)에 갇히게 되는 것이지요. 마치 이와 같습니다. 우리가 하나님을 설명하기 위해서 언어나 우리가 사용하는 개념을 디밀게 되면 무한하신 하나님을 규정할 수는 있는데 그 순간 우리의 하나님은 그 이상이 아니라 언어에 갇히는 게 됩니다. 결론적으로 말해서 불안은 누구의 언어로 규정되기 보다는 각자의 느낌 그대로 표현되는 것이지요. 원인도 각자 다 다르고, 개념도 각자 다 다를 것입니다. 단지 우리는 '불안하다고 이야기 할 뿐입니다.'

특별히 오늘 본문에서 바울 사도께서 나타내신 것을 다시 끌어들이면 이렇습니다. 성경 어디에, 누가 지금 바울 사도께서 불안해하신다고 했습니까? 단지 제가 저의 고민과 답답증을 가지고 묻다 보니 제가 지금 불안해하신다고 이야기 하고 있을 뿐입니다. 그럼 저의 이야기는 근거가 없느냐? 있습니다. 단지 상상력을 최대한 동원한 것뿐입니다. 그 상상력은 제 개인의 경험에 근거하며 그 경험이 오늘 바울 사도의 그 순간의 이야기를 저의 삶 속에서 확장해서 보는 것이지요. 즉 오늘 본문이 불안을 언급했다기보다는 불안의 관점에서 이야기하려했고, 그 이유는 저의 삶을 확장하고자 하는 '의도성'으로 재구성한 것입니다.

혹시 이 부분에서 많이 불편하시지는 않습니까? '의도성?' 어찌 성경을 의도적으로 읽나? 어떻게 성경을 의도적으로 해석하나? 이런 불편함이 없으십니까? 없으시다면 다행이지만 만약 불편하시다면 다른 면을 한 번 생각해 보세요. 불편함을 말하기 이전에 인간이 의도성을 뺀 순수함이 존재한다고 생각하십니까? 만약 가능하다고 생각하시면 그건 과학주의자들의 생각이고, 만약 의도적일 수밖에 없다고 하신다면 그건 이야기의 특성을 이해하시는 겁니다. 이야기는 구성되는 순간부터 의도적이고 목적이 있는 것이라고 이야기를 철학narrative approach으로 학문을 하는 사람들의 생각입니다.

의도성internationality이란 인간이 어떤 환경을 접할 때마다 그 환경과 상황에 대해 이해하려는 적극적 행위입니다. 즉 환경을 파악하고 이해하기 위해 의도적으로 반응하고 접근한다는 것입니다. 인간은 일상의 삶 속에서 타자와 자신을 알아가고자 하는 노력을 기울이게 됩니다. 그렇게 알아간 지혜에서 가치가 있다고 판단되는 것들을 추구하고 달성하고자 자신을 변화시켜가는 의도적 행위를 하는 존재로 우리는 생각합니다. 이런 의도적 행의를 통해 자신의 정체성을 확장해가는 것이 의도성입니다. 이 의도성을 누구도 벗어날 수 없다고 하는 것이 이야기 세계관입니다. 저는 지금 오늘 본문의 노사도의 이야기를 저의 의도성으로 이야기를 듣고, 이야기를 재구성하고 있는 것입니다. 결론적으로 말하면 불안이란 각자가 이야기 속에서 자신만의 이야기로 풀어갈 수 있습니다.

바울 사도께서 지금 디모데에게 보내신 편지의 내용 중에서 불안에 대해 여러 추측이 가능하겠지만 분명한 한 가지는 바울 사도와 디모데, 즉 관계적인 것이라는 거죠. 물론 그 관계가 원수지간이나 불편한 관계가 아니라 애틋한 사제를 넘은 자식과도 같은 존재입니다. 즉 사랑하는 관계면 당연히 불안할 수 있는 것입니다. 과거, 트라우마, 원인, 내재적 이런 것을 따질 것까지 없습니다. 단순하게 사랑하는 사람을 향한 애틋함도 불안을 만들 수 있다는 겁니다. 바울 사도께서는 우리의 영웅으로, 영웅다운 행동을 보이려 애쓰시지 않는 듯합니다. 올라오는 그 감정 그대로 애틋하고도 따뜻한 자신이 그대로 나타나신 건 아닐까요? 그러니 불안이란 심리적 기제가 노사도를 괴롭히는 것이 아니라 애틋함으로 인해 예측 가능한 불안을 경험하시는 거죠. 자식 같은 디모데를 앞으로 보지 못할지도 모른다는 미래에 대한 예측 가능한 불안이지요.

그런데 미래에 대한 불안이 상상 속에서 지옥을 그리게 되면 극심한 공황이나 공포로 번지게 되고, 인간관계로 번져 집착으로 가면 병리라고 하지요. 이럴 때 대부분의 정신과나 심리상담사라면 진단도구를 이용합니다. 그리고 개인의 신상을(정보를) 분석하여 처방을 내리게 되지요. 분석과 처방은 대부분 과거 어린 시절이나 가족관계 등에 역점을 두고 이루어집니다. 즉 가족의 문화(체계) 혹은 어린 시절 상처와 같은 것이 병적인 불안을 일으킬 수 있도록 잠재되는 것이라고 생각합니다. 이걸 근본 인자라고 하고 그 근본 인자가 어떤 사건에 의해 판도라 상자 열리듯 개인에게 불안이 폭발하는 것이지요. 판도라의 상자를 열게 한 것을 유발인자 혹은 촉발인자라고 합니다.

그러나 이야기치료는 그런 진단을 하지도 않고 공황장애라는 이름도, 집착이란 병명도 없습니다. 단지 어느 특정한 개인이 특정한 상황에서 특정한 일에서만 불안을 느낀다고 생각합니다. 그런 상황을 불안, 공포라고 '이야기하고 있는' 것입니다. 불안이 그 사람의 모든 삶과 행동, 모든 인간관계에서 드러나거나 괴롭히는 것이 아니라 어느 특정한 시간, 관계, 상황으로 잘게 쪼개서 '불안'이란 그 자체가 마치 사람보다 더 큰 존재인척 하는 것을 일단 막고 봅니다. 그리고 그 사람이 '불안'이 보다 더 큰 존재이고, 불안 외에 더 많은 일과 사건, 관계를 맺어왔고, 감당 해오고 있음을 일단 확인시켜 주는 것입니다. 그 방법은 "너라면 할 수 있을 거야~"라든지 "당신은 사랑받기 위해 태어난 사람~"이랄지 하는 감정적이거나 선언적인 방법이 아닙니다. 불안으로 힘들어하고 있던 사람에게 이런 방법은 그리 피부적으로 와 닫지 않는 경우가 많습니다.

그 보다는 저는 이런 방법으로 접근해보고 싶습니다. 다른 사람에겐 사소하게 보일지 모르지만 사소한 그것들을 긁어모아 다시 보는 것입니다. 자신조차도 하찮게 여겼던 자신만의 방법이었지만 다시 재해석해 보는 방법으로 접근합니다. 즉 자신의 일상을 재조명하고 자신의 입장에서 다시 보기를 하는 것이지요. 이것을 요즘 유행하는 말로 적정기술 혹은 자신만의 맞춤형 방법이라고 할 수 있습니다. 우리는 자신만의 것을 학문이나 혹은 우리 같은 상담사의 말에 맞춰 평가하는 경향이 있습니다. 학문이나 상담사의 말이 도움이 될 때도 있지만 때론 족쇄가 될 때도 있습니다.

공격적이라고 비판받던 것을 다시 보면 적극적으로 보일 수 있다는 것, 또순이로 보이던 것이 다시 보면 똑순이로 보일 수 있다는 것, 소심함이 세심함으로 보일 수 있다는 것이지요. 예를 들면, "나는 소심해서 누구에게 싫은 소리를 하지 못해요"라고 한다면 건강한 방법으로 분노를 표출하라고 합니다. 그럼 목사가 돼서, 장로가 돼서 아무리 건강한 방법으로 분노를 표출했다고 한들 그 마음이 편할까요? 아무리 건강한 방법이라 할지라도 타인이 있는 법, 그 타인 또한 그 분노 표출을 건강한 것으로 받아들여야 하지 않을까요? 혹여 그 화나는 일을 자전거를 타든지, 독서를 하든지 하며 분노를 다스린다면 이런 걸 소심함이라고 할 수 있을까요? 이런 걸 자신을 통제하는 힘이라고 하면 안 됩니까? 소심함은 다시 보면 자신을 누르는 힘이 누구보다 더 단단할 수도 있는 것입니다.

2

다윗과 골리앗 이야기

● 사무엘상 17장 ●

다른 이야기 속에서 불안을 한 번 다뤄 보겠습니다. 구약성경에 나오는 다윗과 골리앗의 이야기(삼상 17장)입니다. 본문에서 블레셋의 거인 골리앗이란 장수가 나옵니다. 그 거인 싸움꾼이 아침부터 저녁까지 그것도 무려 40일간(16절)을 악을 쓰며, 이스라엘 군대에게 나와서 싸우라고 소리칩니다. 요즘 이야기로 하면 골리앗은 테크노 싸움꾼입니다. 그가 하는 말이 "나는 블레셋 사람이 아니며 너희는 사울의 신복이 아니냐"(8절)라고 합니다. 그런데 40일 동안 이 말을 들으면서도 이스라엘 군대는 정작 한 마디도 못하고 '크게 두려워'하고 있습니다(11절)

반면에 멋도 모르는 다윗은 이렇게 말합니다.

"다윗이 곁에 서 있는 사람들에게 말하여 이르되 이 블레셋 사람을 죽여 이스라엘의 치욕을 제거하는 사람에게는 어떠한 대우를 하겠느냐 이 할례 받지 않은 블레셋 사람이 누구이기에 살아 계시는 하나님의 군대를 모욕하겠느냐"(26절)

"다윗이 사울에게 말하되 그로 말미암아 사람이 낙담하지 말 것이라 주의 종이 가서 저 블레셋 사람과 싸우리이다 하니"(32절)

왜 이스라엘 군대는 크게 두려워했을까요? 두려움, 즉 우리의 화두였던 이스라엘 군대의 불안은 어디에서 근거할까요? 반면에 다윗은 두려움이 없는 듯합니다. 그것도 40일간을 같은 문화권의 사람들이 같은 장소에서 같은 상황을 두고 왜 이리 서로 다른 경험으로 나타날까요? 이런 다른 반응이 어떻게 지금 이 상황의 행동양식으로 나타날까요? 어떤 대처가 나올까요? 물론 신앙의 깊고 큼의 차이로 이야기하면 간단할 문제이지만 이 책의 목적대로 심리상담적인 의도를 가지고 보면 상당히 재미있는 결론을 만날 수 있습니다. 또한 바울 사도께서 불안해하시던 그 모습과는 전혀 다른 느낌입니다. 바울 사도께서는 감옥 문에 기대어 안타까이 안절부절 하시고 뭔가 쫓기는 모습이 연상된다면 골리앗 앞의 이스라엘 군대의 불안은 겁에 질려 움츠리고 마당의 구석에 있는 멍멍이와 같은 느낌입니다. 왜 그런 걸까요?

한마디로 말하면 비교입니다. 이 비교는 이스라엘 군대와 다윗의 다른 경험에서 온 것이지요. 우리의 불안은 의외로 비교에서 많이 온다는 것을 상담을 하며 알게 되었습니다. 너와 나의 가진 것에 대한 비교, 너의 준비와 나의 준비의 차이 등에서 우리는 불안을 경험한답니다. 비교는 차이를 느끼게 하고 차이는 불안을 야기 시키기도 하고, 욕망을 일으키기도 하고, 자존감을 세우기도 하고, 누리기도 하지요. 비교는 비단 사회생활에서만 행해지는 것이 아니라 가족 간에서도 이루어지면서 불안을 형성하기도 하지요. 그러나 비교가 꼭 불안만 야기 시키는 것은 아닙니다. 뭔가를 행동하게 하고, 준비하게 하는 역동을 일으키기도 하지요. 타인 혹은 환경에 대한 비교를 통해 우리는 뭔가를 하고 싶어 하는 경향도 보이지요. 즉 심리학자 라캉의 말을 빌리면 "인간의 욕망은 곧 타자의 욕망"이라는 것과 일맥상통합니다.

그럼 이스라엘 군대는 무엇을 비교한 것이고, 어떤 경험을 한 걸까요? 전쟁 경험입니다. 경험 속에서 무수히 겪었을 겁니다. 저리 큰 거인 장수와 싸우면 백전백패라는 것을. 반면에 다윗은 전쟁 경험이 없는 것 같습니다. 단지 싸움이라고는-다윗의 증언에 의하면- 곰과 사자와 한 것(34절) 뿐입니다. 그러나 전쟁 경험, 다른 말로 하면 세파, 세상에 떠도는 이야기를 모르고 있다고 추측할 수도 있습니다. 이 대목에서 철부지거나 단순함이 다윗에게 느껴집니다. 이 단순한 다윗은 불안과 두려움이 없고, 반면에 전쟁 영웅 중의 하나인 사울왕은 전쟁의 경험으로 인해 불안과 두려움에 떨고 있습니다. 이것이 당연한 것을 우리는 왜 부정적인 눈으로 봤을까요?

그럼 백전백패를 경험했으면서도 미련하게 나가서 싸우란 말입니까? 물론 신앙을 여기에 적용하면 할 말이 없습니다만 상식선에서 보자면 그건 단순한 다윗보다 더 철없는 짓일 수도 있지요. 세상을 산다는 것은 경험을 한다는 것이고 경험을 한다는 것은 수많은 이야기에 폭로되어 산다는 것이지요. 그렇다고 세상을 경험하지 않을 수도 없고, 이 세상 이야기에 영향 받지 않고 살 수도 없는 노릇이니 불안과 두려움은 당연한 것이고 비교 역시 당연한 것이지요. 도리어 그 불안과 두려움 때문에 실수를 조금이라도 줄일 수도 있고 앞을 준비할 수도 있지요. 또한 그 두려움과 불안이 조신한 행동의 원천이 되기도 하고 다른 사람 눈에는 성숙하게 보일수도 있지요. 그런데 본문의 이야기를 지금 제가, 혹은 여러분 입으로 두렵다, 불안하다고 '이야기telling'하고 있는 것입니다.

문제는 그 불안과 두려움이 이스라엘 군대에게는 자신들의 정체성까지 갉아 먹었다는 것입니다. 사울의 신복이 아닌 하나님의 군대요 주의 종이거늘 그들은 한 마디도 못했습니다. 40일 동안 그런데 다윗은 골리앗의 한 마디에 즉각 반응을 합니다. "살아있는 하나님의 군대", "주의 종"이라고 분명하게 자신을 규정합니다. 이들의 서로 다른 경험들은 같은 정체성, 같은 문화에서 살아왔지만 닥친 상황에서 전혀 다른 반응과 주체성을 갖고 대응하는 것을 볼 수 있습니다. 그래서 심리상담에서도 상담은 결국 정체성의 문제라고도 합니다. 곰과 싸워봤던, 전쟁 경험이던 둘 다 어려운 경험을 한 것입니다. 그런데 다윗은 자신의 주체성, 자신의 정체성을 꼭 부여잡고 있었고, 이스라엘 군대는 두려움에 혼몽해져 버렸습니다. 오죽하면 우리나라에 "범에게 잡혀 가도 정신만 똑바로 차리면 산다"란 속담도 있습니다. 다윗의 이야기는 우리에게 불안과 두려움이 문제가 아니라 정체성, 주체성이 중요하다고 강조하는 것 같습니다.

오늘 본문의 그 다음 장을 보시지요. 우여곡절 끝에 사울 왕은 어린 다윗에게 전쟁에 나갈 것을 허락합니다. 그런데 사람은 자기 경험의 틀 밖으로 나가기는 그리 쉽지가 않은가 봅니다. 특히 사울은 전쟁에 대해서 전문가입니다. 그래서 일까요? 사울왕 자신이 쓰던 칼과 방패로 골리앗을 뛰어 넘지 못했으면서도 또 다시 어린 다윗에게 자신이 쓰던 것을 골리앗을 쓰러뜨리는 방법이라고 제시하고 있습니다(38절). 자신이 쓰던 것이 도움이 되지 않았음에도 불구하고 당연하게, 아주 당연하게 어린 다윗에게 자신이 쓰던 칼과 방패를 주며 싸워보라고 합니다(38절). 마치 우리 같은 상담사가 자신도 넘지 못하고 어쩔 수 없이 겪어야 하는 인생의 문제, 인간이라면 누구나 닥치는 고난과 아픔이면서도 타인(내담자)에게 이렇게 저렇게 해보라고 당연하게 권유(해결책 제시)하는 것과 같습니다.

이것은 잘못된 것이 아니라 인간의 한계를 보이는 것입니다. 인간은 여간해서 자신의 익숙한 것에서 벗어나지 못하는 경향이 있습니다. 왜냐하면 그 경험에 의해 그나마 여기(현재)까지 왔기 때문입니다. 더군다나 누가 봐도 '당연한' 것이기도 합니다. 전쟁에서는 칼과 방패로 싸워야 한다는 명제, 전쟁에서는 골리앗과 같은 자와 싸워서는 백전백패라는 명제를 우리는 당연하게 받아들였습니다. 문제는 이런 '당연한' 것들이 우리의 시각을 좁혀 더 큰 틀, 또 다른 방법, 자신만의 노하우를 하찮게 여기는 경향을 띱니다. 그러다 보니 자신이 가지고 있는 것조차 사소하게 여기는 경향이 있습니다. 그 사소함은 타인의 것과 비교하는 짓을 하게 만듭니다. 이 역시 '당연한' 우리의 한계입니다.

비교란 인간이 태초에 창조되었을 때부터 하던 행동양식입니다. 인간은 이 비교행위를 통해 '알아가기'를 하고, 자신이 알게 된 것에 '질서'도 부여도 하고, 이름도 짓고(개념화), 비슷한 것끼리는 묶고, 다른 것끼리 분류표를 만들어서 자기가 사는 세상을 이해하려고 합니다. 이런 행위가 자동화되고 발달한 것은 인간만이 자연 앞에 가장 유약한 존재이기 때문입니다. 즉 문화인류학자 겔런Arnold Gehlen 말을 빌리면 인간은 결핍된 존재라는 것입니다. 모든 창조물은 그 자연환경에서 충분히 살아 갈 수 있도록 특별하고, 고유한 기관이나 기능을 선물 받았는데, 인간만이 어느 환경에서도 제대로 살 수 있는 기능이나 기관을 선물 받지 못해 생존을 위해서만큼 결핍된 존재라는 것이지요. 그러니 약한 존재이고, 그러니 오랫동안 보호와 양육이 필요한 존재로 살아갈 수밖에 없다는 것입니다.

그런데 아이러니 하게 결핍존재가 이 땅의 주체가 된 것이지요. 겔런의 가설에 의하면 인간이 그 어떤 생물보다 약한 존재임에도 불구하고 이 땅에 이렇게 광영하고, 모든 생물을 관리하는 주체가 된 결정적인 이유가 결핍존재이기 때문에 가능할 수 있었다는 것이지요. 인간에게 자연은 그 어떤 것도 '낯선 것'입니다. 그 낯선 곳을 생존적으로 주물럭거리거나, 쓰다듬어 보거나 맛을 보거나 하면서 낯선 것을 알아가야 합니다. 일단 알기만 하면 그 다음은 생존할 수 있는 어떤 방법을 찾을 수 있겠지요. 다시 말하면 일반 생물과 비교하여 인간은 어느 자연조건에서도 생존하기 편하고 효과적인 자연의 선물이 없기 때문에 자기 스스로 학습해야 합니다. 그리고 학습한 것에 질서를 부여하고, 조직하여 자기 것으로 만들어 가는 과정을 겪어야 한다는 것이지요. 그러다 보니 어느 환경이 닥쳐와도 그곳에 적응되기 위한 학습을 하는 것은 일가견이 생긴 겁니다. 이런 행위가 문화도 만들고, 지식의 체계도 필요했고, 사유과정이 발달하게 된 것입니다.

겔런의 이러한 통찰에 의하면 지금 우리가 이야기하고자 하는 '비교'가 얼마나 중요한 인간 행위임을 알 수 있습니다. 비교란 결국 인간의 당연한 행위이고, 생존을 위해 기어코 해야하는 필수적인 행위인 것이지요. 자신이 아무것도 모르는 뭔가를 경험했을 때 인간은 그것을 이해하기 위해 이 전에 그 무엇을 끌어들이게 되는 거죠. 그리고 비교를 통해 자기의 그 상황을 이해할 수 있는 것이지요. 결국 자기 경험을 이해하고 내 것이 되게 하기 위해서는 비교를 반드시 해야만 합니다. 비교를 통해 위험한지 아닌지, 부족한지 충분한지, 여기서 행위를 그만해야 할지 더 해야 할지 결정할 수도 있고, 다른 계획을 세우거나 멈출 수도 있는 것입니다. 비교는 나 외의 것에 대해서만 '알아가는' 것이 아니고, 나 자신을 더 알아가는 과정도 되는 것이지요. 그래야만 자신의 삶에 질서를 세우고, 가치와 의미를 부여하게 되는 것이지요. 왜냐하면 의미나 가치 질서란 다른 비교 대상이 있을 때만 가능합니다. 그러므로 비교란 어쩌면 생존적인 것이고, 자연스러우며 지극히 인간적인 것임과 동시에 인간의 한계를 드러내는 부족한 인간상이지요.

그럼에도 불구하고 우리는 '비교'란 단어를 들으면 왠지 모르게 부정적인 행위나 성숙하지 않은 생각이라고 하는 경향이 있는 것 같습니다. 특히 심리상담에서는 더더욱 그런 경향을 띠죠. 물론 그렇습니다. 나를 다른 사람과 비교한다는 것이 건강치 않을 수도 있습니다. 그런데 말이죠 제 차를 다른 사람 것과 비교하면서 언젠가는 저 차를 사리라 하는 생각, 심방 가서 다른 사람의 아파트 평수 보면서 부러워하는 것, 심지어 자존감까지 떨어지는 것이 그렇게도 건강치 못하고 성숙하지 않은 것이라는 말을 들어야 하나요? 내 아이를 다른 아이와 비교해서 좀 더 닦달한다고 해서, 남편을 비교하여 갈등의 근원이 된다고 해서 그게 그리 몹쓸 짓입니까? 네 몹쓸 짓입니다. 그러기 때문에 "비교하지 말라"고 우리는 수없이 듣습니다. "주체적이어야 한다"는 말을 귀에 못이 박히도록 들었습니다. 누군 주체적이고 싶지 않습니까? 누군 비교하지 않고, "배 째!"를 외치며 꿋꿋이 살아가고 싶지 않은 줄 아십니까?

저는 이런 분께 묻고 싶습니다. 1) "누구와, 무엇과 비교하지 말라"라고 저를 가르치시는 분께. 2) "나는 이 지구상에 단 하나의 존재다! 그러니 주체적으로 살고 자존감 있게 살아라!" 라고 하시는 분께. 당신은 비교하지 않고 순수하고 주체적인 삶을 살 수 있습니까? 당신은 이 세상이 그렇게 주체적으로 살 수 있도록 내 버려두고 만만하다고 생각합니까? 이 거대한 기계 안에 하나의 톱니바퀴처럼 사는 한 개인이 주체적이기 위해 치러야 할 심적 에너지가 얼마나 많이 소모되는지는 아십니까? 스펙 경쟁의 비효율을 비판하면서 오늘도 학원 문지방을 넘나드는 심정을? 주체적으로 살기 위해서 어쩌면 많은 사람과 자기 공동체에서 희생을 강요당하는 행위이기도 합니다. 그렇게 살기 위해 쏟아 붓는 수고가 또 다른 스트레스로 작용하는지는 생각해 보셨습니까?

'비교', 그것은 -제가 보기에- 신이 아닌 이상, 인간이 생존하기 위해선, 행동하고 계획하기 위해선 반드시 거칠 수밖에 없는 것이 '비교행위'라고 생각합니다. 이것을 인간이라면 누구나 거치는 '통과의례rite of passage'라고 한답니다. 비교가 있으니 저 자신을 움직이게 하는 것이고, 참을 수도 있고, 좀 더 뭔가를 노력하고 싶은 욕구도 생기는 것은 아닐까요? 즉, 비교가 '좀 더'의 동력이 될 수도 있고, 한편 자기 발목을 붙잡을 수도 있겠지요. 긍정적이던 부정적이던 비교란 인류가 태초부터 행위 했던 행동양식이라고 저는 생각합니다. 비교로 인해 우리는 욕망도, 행동도, 계획도 했던 것이라고 학자들은 말합니다.

만약 이 학자들의 가설을 인정한다면 비교를 다른 말로 하면 학습의 과정이라고 할 수도 있습니다. 인류는 그 어떤 피조물보다 자연환경에서 쉽게 살 수 있는 존재가 아닌 태생적으로 약한 존재로 태어났습니다. 그 어떤 자연도 인류에게는 처음이고 낯선 것이지요. 여기까지는 다른 피조물과 별반 다르지 않습니다. 그런데 다른 피조물은 태어나자마자 그 낯선 환경을 배우고 익히며 기뻐하지 않아도 수 시간, 혹은 수 일 내에 살아갈 수 있는 능력을 태생적으로 보유하고 태어납니다. 호랑이는 산에서 태어나 산에서 살 수 있는 기능과 능력을, 고래는 바다에서 태어나서 바다에서 살 수 있는 기능을 타고납니다. 하지만 인간은 어떤 환경에서도 살아 갈 수 있는 기능이나 능력을 신에게 선물받지 못하고 모든 것을 수년이면 다행이고 수십 년을 자신에게 다가온 환경을 배우고 익혀야 합니다.

즉, 처음 만난 이 낯선 환경, 처음 본 것들의 크고 작음, 많고 적음, 거칠고 부드러움을 알 수 있는 길은 오직 비교를 통해서만 가능합니다. 그 비교를 통해서 이제 이건 저것보다 크다고 학습하고 저건 이것보다 작다고 나름의 틀을 만들어 가는 학습의 과정을 거치는 거죠. 그러다 보면 생존할 수 있는 방법을 또한 학습하는 거죠. 그러다가 다른 사람의 생존 행위와 비교하면서 따라 하기도 하고 자신의 것을 버리기도 하면서 자신의 삶을 움직여 나가는 거죠. 즉 비교는 자동적이고 자연적이라고 할 수 있지요. 비교는 행동의 동력이 되기도 하고 인간 생존을 위한 학습의 기초이기도 하지요. 인간만이 할 수 있는 행위, 인간만이 가진 능력이 비교입니다.

다만 비교가 감정/정서와 만나게 될 때 자존감, 자신감, 수치심, 민망함, 아쉬움 등을 유발하게 됩니다. 그러나 좀 더 정확히 보면 비교 때문에 감정이 올라온 것이 아니라 학습된 것을 통해 배우고 익힌 것으로 해석을 하는 겁니다. 이건 좋고 저건 나쁘다는 것을 학습한 것이지요. 즉 감정조차도 배운 것이라고 할 수 있습니다. 이런 것은 기쁜 것이고 저런 것은 자존심 상하는 것이라는 것을 태어날 때부터 알았던 것이 아니라 성장하면서 그 사회, 그 공동체, 그 가족에게 배우고 익힌 거죠. 그 배우고 익힌 것이 비교를 통해 감정으로 나타나는 거지요. 즉 감정 자체가 자동적이고 자발적으로 올라왔다 내려갔다, 일어났다 가라앉았다 하는 것이 아니라 우리가 어떤 비교를 하고 그 비교를 해석하면 기분이 올라갔다 내려갔다 하는 거지요. 이것은 여러분이 이해하기에 매우 어려운 부분일겁니다.

다시 다윗과 골리앗 사건을 봅시다. 사울과 이스라엘 군대는 전쟁을 통해 경험한 것이 있습니다. 비교였습니다. 크고 작음의 비교. 그 비교가 자신감을 잃게 했지요. 반면에 다윗도 비교를 했습니다. 다만 골리앗과 자기를 비교한 것이 아니라 자신이 경험한 곰과 사자에게서 아버지의 양을 지킨 사건이었습니다. 즉 사울과 이스라엘 군대는 사회문화(전쟁)과 자신을 비교한 것이고, 다윗은 자신과 자신의 경험을 비교 대상으로 놓은 것이지요. 그 결과 한쪽은 자신감 상실로, 그 자신감 상실이 정체성 혼란으로 귀결되었고, 다른 한편 다윗은 자아 존중으로, 그 결과 자신만의 방법에 대한 확신이었습니다. 주체성은 곧 자기 확신을 허락합니다. (정체성과 주체성에 관해서는 마르다와 마리아의 이야기에서 좀 더 깊이 있게 다뤄 보겠습니다).

인간은 누구나 불안해할 수 있습니다. 비교 역시 당연한 것입니다. 해석은 자동적이고 자연스러운 것입니다. 그럼에도 불구하고 다윗은 이 '당연함'에서 벗어났습니다. 똑같은 환경에 처한 이스라엘 군대와 다윗의 차이는 무엇이었을까요? 저의 추측으로는 두 부류는 서로의 경험을 가지고 서로 다른 '판'에서 자신의 정체성을 찾고, 경험을 해석한 것은 아닐까 하는 생각이 듭니다. 다윗은 과거에 만났던 하나님과의 경험을 사진첩에서 꺼내서 보고 또 본 것입니다. 그 결과 골리앗이란 거대한 방해물 앞에서도 기죽지 않을 수 있었고, 기죽지 않으니 실수 없이 물맷돌을 던질 수 있었던 것은 아닐까요?

인간은 누구나 결핍 존재입니다. 어느 환경이든 우리에겐 낯선 것입니다. 이혼의 낯섬, 부도의 낯섬, 왕따의 낯섬, 가정 불화의 낯섬, 그 낯선 곳에서 우린 불안해하는 것도 당연하고, 때론 소심함의 극치를 나타낼 수도 있습니다. 이전 것과의 비교, 타인과의 비교, 형제와의 비교, 다른 교회와의 비교. 비교에서 오는 밑 빠진 자존감을 느낄 수도 있고, 별것 아닌 우월감에 즐거워할 수도 있습니다. '그럼에도 불구하고'의 반전을 이루기 위해선 '판'을 달리 해서 보는 것입니다. 좀 더 주체적으로 자신을 지켜 나갈 수 있는 길, 다윗처럼 '판'을 달리해 보는 것은 어떨까요? 또한 과거의 자신의 것을 뒤적거리다 보면 분명 뭔가는 있을 것입니다. 익숙하게 사용하던 그 무언가가 있을 겁니다.

물맷돌! 하나님의 피조물이라면 누구에게나, 그 어느 것에도 자기만의 물맷돌이 있을 것입니다. 오해하지 마십시오. 지금 저는 '당신은 사랑 받기 위해 태어난 사람' 이런 위로의 말씀을 드리는 것이 아닙니다. 키가 작은 저에게, 남보다 머리가 잘 돌아가지 않는 저에게, 아버지 없이 자란 저에겐 이 말이 정작 제가 깊은 수렁에 빠졌을 때 위로는커녕 반발심만 커져오더군요. 이건 저의 못된 구석인가 봅니다. '그럼에도 불구하고' 저의 물맷돌을 다시 보게 되면서부터 "주님을 바라며 그의 긍휼하심"을 기다렸습니다(시 123편).

비록 칼과 방패와 비교하면 하찮은 물맷돌일지라도 자신에게만큼은 이만한 것도 없지요. 그런데 우리는 나만의 물맷돌을 이제까지는 세상의 칼, 타인의 방패와 비교했습니다. 그러다 보니 한 쪽은 신앙인의 이름으로 믿음 안에 산다하면서 예배드리는 행위, 헌금과 교회 봉사 행위는 있으나, 다른 한 쪽은 세상의 방법에 익숙하여 정서적/감정적으로 좌절과 절망, 어쭙잖은 우월감에서 살아오고 있는 건 아닌지 생각해볼 일입니다. 비록 전쟁과는 비교할 수 없는 사소한 경험일지라도 다윗만이 경험했던, 다윗만의 방법으로 이겨냈던 그 사건, 그 사건을 통해 우리만의 물맷돌을 우리는 알고 있습니다. 뒤적여 보십시오. 여러분이 창조자가 아닌 피조물이라면 반드시 자신만의 물맷돌을 가지고 있을 겁니다. 사소한 경험이 있을 겁니다.

3

베드로 사도의 바다

● 마태복음 14:29부터 다시 읽기 ●

모두 유령인 줄 알았습니다. 그도 그럴 것이 칠흑 같은 밤, 한적한 바다 위에 뜬금없이 나타난 예수님, 그것도 평생 처음 보는 말도 안 되는 상황을 맞이했습니다. 물위로 사람이 걸어오는 것이었습니다. 그 사람이 예수님이라고는 꿈에도 생각하지 못했을 것입니다.

버전 1

(야단치는 목소리로)"베드로야~~이노~옴. 너의 믿음이 참으로 작구나!! 어찌 그리 의심하느냐!! 이 노~옴!"

"어푸어푸~ 살려주십시오. 예수님 죄송합니다. 저를 건져 주십시오~~"

버전 2

(걱정스러운 애틋한 목소리로) "에구구…이 녀석아 어여 잡아…이제껏 잘 걸어 왔으면서 왜 이리 믿음이 작니~~이 왜 의심했~~어"

여러분은 1번, 2번의 버전 중 어떤 버전이 이 상황에 더 맞을 듯합니까? 1번 버전은 상당히 야단치시는 듯한 느낌입니다. 반면 2번 버전은 정이 뚝뚝 떨어지는 어투로 사랑하는 제자를 안타까워하시며 급하게 건지시는 그런 모습으로 저는 그렸습니다. 만약 1번 버전처럼 제자 베드로의 믿음 약함을 혼내셨다면 예수님은 과연 어떤 성격의 소유자이셨을까요?

다시 말해 약하고 부족함 투성이인 자신의 제자를 모르셨을까요? 충분히 알아 가시기에는 시간적으로 너무 짧으셨을까요? 아니면 앞으로 닥칠 배신의 칼을 걱정하셔서 지금부터 단도리를 하신 걸까요? 이렇게 상상을 하고보니 불과 몇 년도 안 되어 나타날 사건인 제자 베드로의 배신조차 예견하지 못하시는 분, 즉 예수님의 전지전능하신 신적 권위가 무너지는 순간입니다. 이건 참 말이 안 됩니다. 자연도 예수님 앞에 복종하는 이 상황을 위해 이 본문이 존재하는 걸로 저는 알고 있어서 말입니다. 자연도 복종하는 예수님이 전지전능하시지 않는다는 것이 말이 안되지요.

그렇다면 예수님은 당신의 말씀 한 마디에 정말 마술을 배운적도, 소림사 권법을 배운 적도 없는 아주 평범한 인간 베드로가 정말로 말도 안될 바다 위를 천연덕스럽게 걸을 수 있을 것이라 여기셨을까요? 만약 그러셨을 것이라고 상상한다면 예수님을 무슨 공수 특전단 조교로 생각하거나, 그것도 아니면 예수님은 너무도 두려운 스승이 아니실런지요? 만약 이런 분이었다면 마지막 절(31)에서 예수께서 "즉시"가 아니라 천천히 하셔야 합니다. 그리고 "붙잡으시며"가 아니라 좀 더 두고 보셔야 하지 않을까요? 그래야 제대로 훈련시키는 것 아닙니까?

반면에 2번 버전에서 묘사된 예수님이시라면 최소한 전지전능함에 대한 의구심이나 두렵고 무서운 스승님의 모습은 비껴가게 됩니다. 오늘의 본문 마태복음 14:22부터 다시 읽어 보겠습니다.

> [22]예수께서 즉시 제자들을 재촉하사 자기가 무리를 보내는 동안에 배를 타고 앞서 건너편으로 가게 하시고 [23]무리를 보내신 후에 기도하러 따로 산에 올라가시니라 저물매 거기 혼자 계시더니 [24]배가 이미 육지에서 수 리나 떠나서 바람이 거스르므로 물결로 말미암아 고난을 당하더라 [25]밤 사경에 예수께서 바다 위로 걸어서 제자들에게 오시니 [26]제자들이 그가 바다 위로 걸어오심을 보고 놀라 유령이라 하며 무서워하여 소리 지르거늘 [27]예수께서 즉시 이르시되 안심하라 나니 두려워하지 말라 [28]베드로가 대답하여 이르되 주여 만일 주님이시거든 나를 명하사 물 위로 오라 하소서 하니 [29]오라 하시니 베드로가 배에서 내려 물 위로 걸어서 예수께로 가되 [30]바람을 보고 무서워 빠져 가는지라 소리 질러 이르되 주여 나를 구원하소서 하니 [31]예수께서 즉시 손을 내밀어 그를 붙잡으시며 이르시되 믿음이 작은 자여 왜 의심하였느냐

어두운 밤바다에서 밤배를 젓는 이 사람들이 지금 호젓하게 보이십니까? 만약 그렇다면 밤바다에서 배를 타보셨습니까? 저의 경험상으로는 그리 호젓하지는 않았습니다. 인생의 밤바다, 바람이 부는 밤바다 그리 낭만적이지도 않았습니다. 밤바다는 불안을 일으켰습니다. 밤바다에서 불안해하는 것은 당연한 것입니다. 불안을 야기하는 우리의 상황은 도처에 깔려 있습니다. 즉 우리 인간은 항상 불안을 끼고 사는 것이고, 불안과 싸우는 중입니다. 열심히 일을 하는 것도 노후에 대한 불안, 자식의 앞날에 대한 불안, 승진과 투자에 대한 불안 등등 무수히 많지요. 여기에 바람까지 불면 우리는 흔들리고 맙니다. 그러기에 불안을 정신적 심리적 병리로 끌고 가는 것을 저는 반대합니다.

'정도의 차이가 문제다'라는 말도 있습니다만, 그것조차 심리적, 정신적인 문제로 몰고 가려는 음모라고 저는 억측을 부려봅니다. 도가 지나치면 병리로 볼 수 있다는 것이 틀리다고는 말할 수 없지만 다른 면에서 보면 불안을 개인의 편차로 몰아가게 되는 것이지요. 그렇게 되면 불안을 조장하는 사회는 면책을 받습니다. 공동체가 이루어야 할 사회 안전망의 불안, 공동체가 만들어내는 경쟁, 비교, 질책, 순위, 뒷담화 등등이 조장하는 불안을 개인에게 전가하는 꼴이지요. 또한 같은 상황인데 누구는 병리적으로 불안해하고, 누구는 당당히 살아낸다면 이건 사회 공동체 문제이기 보다는 개인의 차별적인 문제이지요. 적자생존, 양육강식의 진화론적인 인간상을 합리화하는 뒷배경이 있는 것입니다. 이것은 19~20세기의 서구 제국주의적 관점이 녹아든 서양적 세계관에서의 인간상이었습니다. 이때는 생물학적인 우열로 우성과 열성, 야만과 문명이란 구도로 개인과 개인, 인종과 인종 차별을 정당화하였거든요. 과학과 학문의 이름으로 말입니다.

이런 구도에 우리 교회는 어떤 역할을 했는지 돌아봐야 합니다. 죄책감과 수치심을 조장하지는 않았는지요? 왜 의심하느냐? 왜 불안해하느냐고 하면서 주님께 온전히 맡기지 못하는 약한 믿음의 소유자인 나 자신에 대한 죄책감, 뭔가는 남보다 뒤떨어진 믿음 같은 수치심을 조장하고 있지는 않은지 돌아볼 일입니다. 강하고 담대하지 못하다고 핀잔은 주고 있지 않은지요? 물론 안타깝고 안쓰러운 마음에서 그리 하시겠지요. 그러나 좋게 보면 '돌봄'이지만 나쁘게 보면 '너는 약한 존재'라는 지적은 아닐는지요? 바람 부는 밤바다에서 쪽배에 몸을 실었던 사람이 "안심하라 나니 두려워 말라"(27절)는 말씀 하나에 의지해서 믿음으로 과감하게 바다를 건널수 있는 사람이 얼마나 될까요? 아니 역사 속에 사람이 바다를 걸었던 사건이 있기는 한지요?

본문으로 다시 돌아가 봅시다. 배에 있던 제자들은 유령인 줄 알았습니다. 그러나 곧 익숙한 목소리가 들립니다. 그 즉시 베드로 사도는 "저도 걷게 해 주세요"(28절)라는 청을 합니다. 이게 과연 진심으로 바다 위를 걷고 싶었던 건지? 아니면 긴가민가하여 예수님을 시험해보고자 한 건지? 그것도 아니면 단순한 호기심인지 우리는 모릅니다. 다만 그 다음 구절에 베드로 사도가 예수님의 말씀이 떨어지자마자 즉시 실행에 옮긴 모습이 묘사되고 있습니다. '베드로가 배에서 내려 물위를 걸어서 예수께로 가되'(29절). 제가 이 문장을 옳게 이해를 했다면 분명 베드로 사도는 '단 한발이라도' '단 한번이라도' '단 한 순간일지라도' 바다 위에 떠있거나 걸었습니다.

베드로 사도의 불안은 바울 사도께서 감옥 안에서 겪던 불안과 다른 형태이고, 골리앗 앞에서 떨고 있던 이스라엘 군대와는 또 다른 두려움이었습니다. 제가 보기에는 베드로 사도의 불안은 '기대함'에서 왔다고 저는 생각합니다. 예수님처럼 바다 위를 걷고 싶은 마음이 동기가 된 거죠. 즉 갈망이지요. 그 갈망이 앞뒤 가리지 않고 즉시 바다 위로 뛰어 들 수 있게 한 것은 아닐까요? 또 다른 상황, 기적 같은 사건에 대한 호기심과 열망. 그 기대, 그 갈망이 없었다면 예수님이 오셔서 자신들을 인도할 때까지 기다릴 수 있었을지도 모르지요.

우리는 한순간도 빠짐없이 매 순간마다 기대라는 동력이 우리를 선택하게 하고, 행동하게 하지요. 옆집으로 이사 오는 사람이 좋은 분이길 기대하고, 식당에서 고른 메뉴가 맛있기를 기대하고, 오늘도 우리 목사님 설교에 은혜 받기를 기대합니다. 문제는 그 기대를 빗겨 가거나 어그러질 때 오는 실망, 그 실망이 되풀이 되는 난감한 상황에 우리는 갈등하고, 불안해하는 것이지요. 그 기다림과 갈망이 순풍에 돛을 다는 것이 아니라 반드시 바람을 경험하게 됩니다. 바람이 이는 그때 우리는 영적인 눈으로 바람을 맞이하는 것이 아니라 피부로 느끼게 됩니다. 그러니 믿음 보다 앞선 것이 피부적 사건이겠지요. 그때 불안은 더욱 기승을 부리게 되고 이제껏 쌓아왔던 전문성, 경험 등은 온데간데없고 갑작스럽게 물에 빠지게 됩니다.

기대가 어그러지기 시작하면 불안해하고, 불안이 실망과 분노로 바뀌어 가고, 분노는 어느 덧 '맺힘(한이라고도 표현)'으로 변하거나 복수하고 싶은 마음으로 자리 잡게 됩니다.

기대 => 불안 => 실망 => 미움 => 분노 => 복수/맺힘

그런데 가만 보십시오. 누가 기대하라고 했던 건 아니지요. 타인이 기대하라고 한 것이 아니라 자신이 기대를 가진 것입니다. 다른 면에서 보면 기대란 "나 알아줘요!" "내가 이런 걸 원해요!"의 또 다른 표현이지요. 복수 역시 그 밑면에 흐르는 마음은 "나 알아줘!"입니다. "너도 한 번 당해봐"의 다른 표현이 "나 알아줘!"이지요. 즉 기대와 복수는 다른 모양의 느낌이지만 속 마음은 동색을 띠고 있지요. 기대함은 베드로 사도처럼 앞뒤 구분하지 않고 행동으로 옮길 수 있는 과감한 우리의 행동의 동력이 되기도 하지만 자칫 빗나가면 자기중심적이고 일방적인 "나 알아줘!"의 앙탈이 되기도 합니다.

베드로 사도의 기대함과 그로 인해 나타난 불안이 어떤 결과로 나타났을지 예수님의 대응을 다시 한 번 보시지요.

29베드로가 배에서 내려 물 위로 걸어서 예수께로 가되 30바람을 보고 무서
워 빠져 가는지라 소리 질러 이르되 주여 나를 구원하소서 하니 31예수께서
즉시 손을 내밀어 그를 붙잡으시며 이르시되 믿음이 작은 자여 왜 의심하였
느냐

이 상황을 저의 느낌대로 재구성해 보지요. '어여 오거라.(28절) 베드로가 앞 뒤 가리지 않고 배에서 내려 물 위로 걸어왔다. 그 모습을 예수께서 대견하게 보고 계시는데 갑자기 베드로가 바람을 보고 무서워 빠져 가는지라…(30절). 예수께서 놀라셔서 즉시 손을 내밀어 사랑하는 제자를 붙잡으시며…어여 잡아…잘하다 왜 그랬어~~어(31절)' 이러시지 않으셨을까요? 만약 믿음이 약한 자라고 야단을 치시려 하셨다면 즉시 손을 내미시지 않으셔도 되시지요. 언제든지, 충분히 건져 주실 수 있는 능력의 예수님. 아니 예수님이 어떤 분이십니까? 죽은 나사로도 살리신 분이시니 충분히 고생시키신 후 죽기 바로 전 건지시거나, 혹은 아예 죽은 후 나사로처럼 다시 살리셨다면 더욱 강력하고 영향력 있는 가르침이 되었거나 드라마틱하지 않았을까요?

제가 만약 예수님이라면 밤바다를 보고 두려워 물에 빠진 모습에 노여워하기 보다는 29절에 초점이 맞춰졌을 듯합니다. 베드로 사도의 '기대'는 29절의 성공을 일궈냈습니다. 물론 밤바다의 바람 때문에 곧 실패로 끝났지만 실패를 전하는 30절 이전에 29절이 먼저 있습니다. 그런데도 왜 우리는 30절에 초점을 맞췄을까요? 왜 우리는

29절의 성공보다는 30절의 실패를 가지고 믿음이 작은 자라고 야단을 칠까요? 마치 남의 집에 초대되어 가면서 그 집 현관에서부터 쓰레기통을 먼저 보는 사람. 예수님 말씀처럼 남의 들보를 먼저 보는 사람. 이런 우리의 생각패턴이 지금 예수님의 31절 행위까지도 이 패턴에 밀어 넣었던 것은 아닐까요? 그러다 보니 애틋하고 안타까운 예수님의 행위가 마치 믿음 작은 자라고 야단치는 우리의 모습과 등치시킨 건 아닐까요?

이야기 치료사인 저는 이 사건을 상담 과정에 접목시킨다면 다른 직업이나 상담사와는 다르게 접근해볼 것 같습니다. 기존 상담 이론에서는 아마도 30절에서 나타난 실패의 원인을 찾아(인과론) 실패를 만회할 해결책을 제시할 것입니다. 물론 이제껏 이것이 상담의 기본 역할이라고 여겼습니다. 그러나 저라면 29절을 먼저 볼 것 같습니다. 남의 집의 쓰레기통은 그리 저의 관심사가 아닙니다. 호기를 부린 베드로가 아니라 그 말 한 마디에 의지하여 시도했던 베드로 사도, 일단 '내지르고' 봤던 그의 경거망동을 보기 보다는 30절의 실패하기 이전에 29절의 베드로 사도, 바람에 불안해하던 베드로 사도보다는 단 한 발이라도 걸었던 그 모습을 저는 더 자주 말할 것 같습니다. 그리고 베드로 사도께서 또 다른 밤바다에서 지치고 쓰러질 때마다, 좌절하고 낙망할 때마다 저는 그 당시 29절을 이야기해줄 것 같습니다. 마치 어린 다윗이 곰과 사자와 싸웠던 경험, 양을 칠 때 쓰던 하찮게만 보이던 물맷돌을 자신만의 것으로 가장 적정한 기술로 다시 보았던 그 관점과도 같지요.

저를 사사하셨던 뮬러J.C Muller란 스승께서 이런 은유적 이야기를 해 주셨습니다. 어느 한 사람이 징검다리를 건너고 있었답니다. 그런데 바로 앞의 징검다리 돌 하나가 빠져 있었답니다. 앞으로도(미래), 뒤로도(과거) 못 가는 이 난감한 지경(현재)에 서있을 때, 그 어떤 조언이나 해결책에 의지하기 보다는 자신이 디디고 왔던 뒤의 돌을 빼서 앞에 놓으라고 하시더군요. 비록 그 뒤의 디딤돌이 상처였을지라도, 그것이 문제로 덮인 이야기일지라도 그것만이 앞에 빠진 디딤돌을 대신할 수 있는 가장 적정한 디딤돌이라는 것입니다.

이야기치료는 이렇게 생각합니다. 상처는 미래를 여는 보물창고라고. 문제란 또 다른 대안을 암시하는 것이라고. 즉 어느 사건이나 상황이 '상처가 된 것'이라기보다, 다른 관점 다른 상황을 대입해 보면 또 다른 뭔가가 있을 것이라는 가정과 논리입니다. 이 상처가 자신이 주체적인 관점에서 아픔으로 해석한 것인지 우리 사회 문화가 상처라고, 문제라고 여기는 것을 자신도 그리 받아들이고 있는 것인지에 대한 의구심을 가지고 접근합니다. 또한 A라는 사람이 자신이 경험한 사건을 아픔/상처/문제라고 여기고 있다는 것은 다른 말로 하면 아프지 않았던 경험/상처/문제를 경험했거나, 알고 있거나, 그 반대적인 삶을 원한다는 것이지요. 마치 어둠을 안다는 것은 빛을 알기에 가능한 것과 같지요. 그러니 A가 "아파요"라고 말할 때 이야기치료사의 귀에는 "알고 있는 것과 틀려서 아파하는 거에요."라든지, "이 상처의 다른 면도 알고 있어요." 혹은 "원하는 바도 알고 있어요." 그리고 한 가지 더 중요한 것은 "나는 그 상처 안에서도 버텨 내면서 여기까지 왔어요."라는 또 다른 암시된 소리, 말로는 안했지만 또 다른 방향의 외침이 들려야 합니다.

또한 상처를 느낀다는 것 자체가 이미 살아있다는 반증이기도 하지 않겠습니까? 고통 없는 지옥이란 말이 있지요. 나병 환우의 손가락이 떨어져 나가도 그 고통을 모름은 압통점이 썩어가기 때문이라지요. 닭이 잘 때 쥐가 똥집을 갉아 먹어 죽어가면서도 모른다지요. 왜냐하면 닭은 아픔의 고통을 모른답니다. A는 지금 말하고 있습니다. "나 살아 있어요." "나 아직 버티고 있어요."라는 힘의 소리도 들려야 그것이 이야기치료사입니다. 생각해보십시오. 목사에게 조언을 구하는 것 자체, 상담사를 만나고자 하는 그 자체, 구역장에게 기도를 부탁하는 그 자체가 이미 상처/문제와 맞서고 있다는 반증입니다.

상처/문제란 놈은 전략이 있습니다. 첫째로 사람과 사람 사이를 분리시키려 합니다. 만약 부부 사이에 문제가 생겼다면 '문제가 문제이지 그 사람이 문제가 아님에도 불구하고' 문제와 사람을 동일시하도록 합니다. 하여 우리를 서로 분열시키는데 상처/문제란 놈의 목적이 있습니다. 그렇게 하여 부부간에 분열을 만들고, 부부간에 분열이 되면 자녀와도, 그 주위 가족 간에도 분리가 일어나게 합니다. 그러다 보면 결국 자신과 자신이 분열하도록 몰아갑니다. 이름하여 정신 분열이란 병명이 나오는 순간입니다.

즉, 문제란 놈의 또 다른 전략입니다. 자신의 전략을 감추기 위해 병명으로 자기의 본 모습은 감춥니다. 문제란 놈은 자신의 전략을 감추기 위해 사회문화를 등에 업고 우리를 괴롭히려 합니다. 바로 학문이란 것입니다. 전문성이란 미명하에 정신 분열, 정신 장애, 역기능 순기능, 지체 장애 등등의 이름을 붙여줍니다. 예를 들어 우리 주위에 누군가 정신 분열 판정을 받았다면 받은 당사자는 정신 분열 증상 외에 다른 자신은 보이지 않게 되지요. 또한 그의 가족도, 그의 주위도 당사자를 현상으로 나타난 정신 분열 그 자체에만 초점을 맞춥니다. 이것이 문제란 놈의 힘입니다. 당사자의 29절은 어느 덧 잊게 만들고, 당사자의 삶과 무관하거나 사소하게 여기게 합니다. 그리고 모든 행위를 30절의 실패에 맞추는 것과 진배없지요.

그러나 최소한 주의 종이라면, 우리 같은 상담사(목사/교회 지도자/영적 돌봄이)라면 가르치는 자, 해결책을 제시하는 자로서가 아니라 시편 123편 기자의 고백적 자세가 무엇보다 중요하지 않을까요?

> [1]하늘에 계시는 주여 내가 눈을 들어 주께 향하나이다 [2]상전의 손을 바라보는 종들의 눈같이, 여주인의 손을 바라보는 여종의 눈같이 우리의 눈이 여호와 우리 하나님을 바라보며 우리에게 은혜 베풀어 주시기를 기다리나이다

시편 기자의 눈은 상처에 꽂혀 있지 않습니다. 문제의 해결책을 제시해야 한다는 책임감에 사로잡혀 무거워 하지도 않습니다. 다만 하나님의 손길을 바라고 그의 긍휼하심을 기다리는 자의 자세를 잃지 않았습니다. 이 말을 다시 말하면 상처도 해결도 주님의 손안에 있다는 믿음의 자세이며 고백이라고 저는 받아들였습니다. 그렇다

면 책임의 소재도 상담사에게 있는 것이 아니라 주님의 손 안에 있다는 것입니다. 이 부분은 굉장히 조심스럽습니다. 상담사의 책임이 없다는 말은 자칫하면 상담사로서의 무책임한 자세, 아마추어 같은 모습으로 비출 수 있기 때문입니다. 더욱 중요한 부분은 도구로서의 자세입니다. 그분의 도구되는 우리의 자세를 잃지 않는 것입니다. 바울 사도께서 하신 말씀이 귀에 자꾸 맴돕니다.

> "[1]사람이 마땅히 우리를 그리스도의 일꾼이요 하나님의 비밀을 맡은 자로 여길지어다 [2]그리고 맡은 자들에게 구할 것은 충성이니라 [3]너희에게나 다른 사람에게나 판단 받는 것이 내게는 매우 작은 일이라 나도 나를 판단하지 아니하노니 [4]내가 자책할 아무 것도 깨닫지 못하나 이로 말미암아 의롭다 함을 얻지 못하노라 다만 나를 심판하실 이는 주시니라 [5]그러므로 때가 이르기 전 곧 주께서 오시기까지 아무 것도 판단하지 말라 그가 어둠에 감추인 것들을 드러내고 마음의 뜻을 나타내시리니 그때에 각 사람에게 하나님으로부터 칭찬이 있으리라 [6]형제들아 내가 너희를 위하여 이 일에 나와 아볼로를 들어서 본을 보였으니 이는 너희로 하여금 기록된 말씀 밖으로 넘어가지 말라한 것을 우리에게서 배워 서로 대적하여 교만한 마음을 가지지 말게 하려 함이라"(고전 4장)

4

사르밧 과부의 이야기

● 열왕기상 17장 ●

만약에 정말 만약에, 자녀와 곧 동반자살을 마음에 품은 여인, 혹은 이미 삶을 포기한(12절) 이 불쌍한 여인이 엘리야 선지자의 부탁(13절)을 거절했다면 하나님은 과연 이 여인의 밀가루 통과 기름병(14절)을 그래도 채우셨을까요? 혹은 엘리야 선지자께서 아무리 축복을 하기 위한 전초전이라 할지라도 벼랑 끝에 서 있는 것과 진배없는 이 여인에게 밀가루 한 줌을 당신을 위해 달라고 하는 이 행위를 통해 하나님은 축복의 조건으로 생각할 수 있을까요? 아니 그 보다 더 극적으로 하나님이 천군천사를 대동하시며 전적으로 나타나셔서 "사랑하는 딸아~~ "이러셨다면 더욱 신비롭고 환상적이지 않았을까? 아 그렇군요. 하나님의 얼굴을 보면 다 죽지요. 그러면 다른 천사가 훨훨 날아서…그건 안 되나요? 그것도 아니면 도구, 즉 종을 사용하셔야겠군요.

그럼 제가 사르밧 과부였다면 어떻게 했을까 생각해봤습니다. 만약 저였을지라도 과감히 그 밀가루 줬을 것 같습니다. 그건 제가 믿음이 출중해서가 아닙니다. 그렇다고 엘리야 선지자를 하나님의 종, 즉 축복을 주실 것이라는 것을 알 수 있는 예지력이나 관상을 볼 줄 알아서 그런 것은 더더욱 아닙니다. 분문 이하를 보더라도 이 여인은 엘리야의 정체를 모르고 있음이 분명합니다. 그렇다면 아마도 사르밧 과부도 저와 별 차이가 없었을 것 같습니다. 그럼에도 불구하고 자신 있게 그 밀가루를 줄 수도 있겠다 싶은 것은 사르밧 과부는 이미 죽기를 작정했습니다. 먹고 죽으나 안 먹고 죽으나 죽는 것은 마찬가지이니까요. 인생을 포기한 자가 한 끼에 그리 애착을 가지리라 상상이 가지 않습니다. 인생을 포기한 자는 쥐려고 하는 것도, 바라는 것도 없지요.

역사엔 만약이란 없듯이 성경의 사건도 만약은 없지만 그래도 만약이란 상상을 통해 이 본문을 다시 들여다보고 싶습니다. 왜냐하면 죄송합니다만 제가 이제껏 목사님들을 통해서 들은 이 본문의 핵심은 "주의 종에게 잘해야 하나님의 축복이 있다. 사르밧 과부의 헌신이 그 축복을 불러왔다." 이런 것이었습니다. 다시 말하면 저의 좁은 소견에 본문의 사건이 너무 엘리야와 사르밧 과부의 행위에만 초점이 맞춰진 듯합니다. 또한 정황이 사르밧 과부에겐 너무도 가혹한 시험이라 생각됩니다. 과부가 축복을 바라며 자신을 제어하거나 이타적인 모습을 취하기에는 상황이 너무나 혹독하다고 생각합니다. 이런 식으로 생각하면 낭떠러지에 서 있는 한 여인에게 축복의 전령인 엘리야 선지자의 부탁은 저의 눈에는 인간 이하로 보입니다. 심지어 이런 하나님이시라면 믿지 않을 것이고 절대로 사랑의 하나님이라고 할 수 없습니다. 그렇다고 더 큰 뜻이 있어서 그러셨을 것이라고 하기에는 아주아주 연약한 한 여인의 혹독한 상황 앞에서 너무도 잔인하다고 저는 생각합니다.

하나님께서 사르밧 과부가 '그럼에도 불구하고' 대접하나 안 하나 보자 하시며 시험하셨다고 하자니 참 치졸하신 하나님 같습니다. 생각해보십시오. 불완전한 인간, 그것도 낭떠러지에서 풀 한포기 붙잡고 있는 여인에게 그런 시험을 하신다는 것이 말이나 될 법합니까? 하나님의 크신 영광을 들어내시기 위해서요? 그렇게 하나님께서 할 일이 없으신 분입니까? 죽을 수밖에 없는 여인을 놓고 시험하며 그렇게까지 영광을 받으시고 싶으신 분이라 생각하십니까? 치졸하기 그지없는 하나님이지요. 그렇다고 하나님께서 정말로 사르밧 과부가 대접을 할지 모르셨다고 한다면 이건 또 전지전능하신 하나님 앞에 너무 불경하게 생각됩니다. 만약 사르밧 과부가 엘리야 선지자를 대접하지 않아서 축복을 못 받았다면 치졸 더하기 사랑의 하나님이란 대명사는 떼셔야 하지 않을까요? 저에게 오늘의 본문은 어떤 식으로 상상을 해봐도 도저히 이해가 가지 않는 부분입니다.

오늘 본문 이후의 사건을 보니 사르밧 과부는 엘리야 선지자의 정체를 일단 몰랐다는 것을 알 수 있습니다. 그리고 제가 알기론 엘리야 선지자, 즉 주의 종은 마술사나, 물질을 만들거나 더하고 뺄 수 있는 초능력의 소유자도 아닙니다. 왜냐하면 자기 먹을거리 하나 제대로 해결하지 못하고 권력에 쫓겨 숨어 지내는 연약한 한 인간에 불과함이 본문에 드러납니다.

> "[2]여호와의 말씀이 엘리야에게 임하여 이르시되 [3]너는 여기서 떠나 동쪽으로 가서 요단 앞 그릿 시냇가에 숨고 [4]그 시냇물을 마시라 내가 까마귀들에게 명령하여 거기서 너를 먹이게 하리라 [5]그가 여호와의 말씀과 같이 하여 곧 가서 요단 앞 그릿 시냇가에 머물매 [6]까마귀들이 아침에도 떡과 고기를, 저녁에도 떡과 고기를 가져왔고 그가 시냇물을 마셨으나…"

그렇다면 본문의 주체는 엘리야 선지자의 능력도, 사르밧 과부의 행위에 초점이 있는 것도 아님을 알 수 있습니다. 이미 그 땅에는 기근이 들어 있었고, 그 기근은 하나님의 종이든 왕이든 사르밧 과부든 누구도 피할 수 없는 상황이지요(7절). 마치 인생이라면 누구도 피해 갈 수 없는 기근 같은 것이지요. 여기에 하나님은 사르밧 과부를 돕기로 작정하셨음을 본문 9절에서 알 수 있습니다. "너는 일어나 시돈에 속한 사르밧으로 가서 거기 머물라 내가 그곳 과부에게 명령하여 네게 음식을 주게 하였느니라." 엘리야가 어찌했던, 사르밧 과부가 어떻게 하든 이미 하나님은 돕기로 작정하셨던 이 부분이 왜 '주의 종에게 잘해야 하는 것'으로 강조되었는지 참 아이러니 합니다.

엘리야 선지자께서는 하나님의 도구이신 거죠. 그리고 그 도구를 통해 주님이 원하시는 자를 돕기로 작정하셨다면, 도구가 그 작정하신 자에게 잘해야 함이 순서라고 생각합니다. 최소한 고린도전서 4장에서 말씀하신 바울 사도의 버전으로 하면 하나님의 일꾼은 순종이고, 시편 123편의 기자에 의하면 주의 긍휼하심을 기다리는 자의 자세만이 요구되는 것이라 생각합니다. 도구는 주체가 될 수 없습니다. 주체가 되려고 하는 순간 도구는 하나님의 자리를 대신해 버리는 것 아닐까요? 그럼에도 불구하고 주님은 도구가 주체와 같은 역할을 하게 허락하신 거죠. 그렇다고 허락 받은 주체의 역할이 축복의 주체였다고 오해하면 절대로 안됩니다.

그럼 왜 하필 엘리야 선지자였을까요? 하나님께서 왜 직접 움직이시지 않으셨을까요? 하나님의 영광을 위하신다면 더욱 극적일 수 있었고 더욱 진한 감동일 수 있지 않을까요? 아무리 생각해도 저는 이해가 가지 않습니다만 저의 상담 경험을 통해 추측해보면 조금 이해가 갑니다. 본문의 구도를 보겠습니다. 기근이란 외형적인 상황은 두 주인공에게 모두 같습니다. 한 쪽은 기근을 못 견디고 동반 자살하려는 사르밧 과부와 권력의 칼에 쫓겨 배고픔과 두려움에 떨던 엘리야 선지자로 본문의 구도가 잡혀 있습니다. 간단히 말해 동병상련, 홀아비 마음 과부가 안다지요. 둘 다 죽지 못해 살아가는 사람입니다. 다만 한 쪽은 혼자가 아니고 둘이며, 다른 한 쪽은 둘이지만 하나와 진배없는 구도이지요.

상담을 하다보면 슬퍼하는 분을 위로하려고 애쓰면 더 슬퍼지고, 같이 슬퍼하면 위로를 받는 것을 경험합니다. 욥의 친구가 무엇 하나 빠지지 않는 위로와 좋은 말을 했지만 같이 슬퍼함이 빠졌던 것이지요. 슬픔을 당한 자를 위로를 하려했지 같이 슬퍼하질 않았습니다. 욥의 친구들은 고난은 알지만 고난을 경험하지는 않았던 듯합니다. 지금 엘리야 선지자께서 바로 그와 같은 처지였다고 저는 생각합니다. 배고프고, 두려움에 떨던 도망자 엘리야였습니다. 위로란 자기 안에 타인의 눈물을 담는 것이라고 저는 생각합니다. 엘리야 선지자는 그러기에 사르밧 과부의 배고픔을 충분히 이해하고 그 두려움을 당신 안에 담을 수 있는 분이 아니었는가 싶습니다. 하나님의 도구요 통로가 되신 거죠.

기근이 들면 자살 충동을 느낄 수 있습니다. 그렇다고 기근 때문에 자살을 하지는 않습니다. 자살의 동기가 기근일지 모르지만 자살 행위는 기근에 의하지 않는다는 것을 상담 경험을 통해 느끼고 있습니다. 물론 기존까지 자살을 여러 가지 문제로 해석하거나 요인을 분석하려는 시도와 이론들이 있습니다. 소위 말하는 우울증이나 공황장애와 같은 것에 취약한 개인의 기질적 성향으로 인한 유약함과 연약함, 정신적인 문제의 근원인 과거 양육 시기의 문제나 인간심리의 근원적 공격성, 그리스 로마 철학자들이나 2차 대전시 일본처럼 자살을 미화하는 사회 문화와 사회적 요인, 가족사로 인한 유전적이거나 원가족의 영향, 성경적 관점에 기인한 인간의 죄성 등등에서 자살의 근원적인 문제를 찾고자 합니다.

저는 이 장에서 자살의 근원을 찾거나 이론적인 것을 논하기에는 역량이 부족합니다. 그러기에 이 부분에 대해 좀 더 많은 정보를 원하시거나 흥미가 있으시면 강영선 교수님이 쓰신 『기독교 이야기 한마당』을 참고해 보십시오. 이 장에서는 저의 상담 경험을 기준으로 해서 말씀 드릴 수밖에 없습니다.

저를 찾아온 분들이 자살하고 싶고, 자살 충동을 느꼈다고 할 때는 그 어떤 공통점이 있었습니다. 하나는 오해이고 또 다른 것은 자살과 직접적인 연관이 있는 것입니다. 오해란, 자살 충동의 동기가 처한 상황이었고, 앞이 캄캄했다는 것이지요. 그러나 사실은 어렵고 힘들었던 예전의 사건이 강력한 자살 충동을 일으킨 동기가 아니라는 점. 그리고 그와 같은 상황이 앞으로도 계속 될 것 같은 두려움과 공포였다는 것 역시 아니었다는 것입니다. 물론 그들은 그들의 이야기를 통해 위 두 가지가 동기이고 원인인 것처럼 말을 합니다. 그런데 그 이야기 속에서 또 다른 것을 발견했습니다. 그 어떤 이유라도 자살 충동을 넘어서고 극복했던 가장 큰 요인은 '사람'이 있었습니다. 그 누군가는 그와 같이 있었습니다. 누군가는 하염없이 들어주는 사람이 있었습니다.

성경의 사례에서 보면 바울 사도와 실라가 감옥에 갇혀있을 때 주님의 도우심으로 감옥에서 나올 수 있었습니다. 그때 감옥의 간수는 자신에게 올 문책, 앞날에 대한 두려움 때문에 자살을 시도하려 합니다(행 16:27). 그러나 바울 사도와 실라는 그 간수와 함께 합니다(28절). 물론 두 사람이 탈출하지 않아서 간수의 자살 원인이 제거되었다고 볼 수도 있습니다만, 저의 눈에는 함께 한 대목이 더 깊이 들어옵니다. 엘리야 선지자께서 갈멜산 투쟁 후 이세벨에게 쫓겨 로뎀 나무에서 죽기를 간청할 때도 천사가 함께 있었습니다(왕상 19장). 오늘 본문에 나오는 사르밧 과부 역시 그와 같은 맥락으로 보입니다.

자살 충동에 빠진 사람들을 상담하며 그들에게 기존의 이론을 적용하기보다는 그들만의 이야기에 집중하였습니다. 그 결과 이런 결론을 내렸습니다. 자살 충동은 과거나 현재의 요인이 아니라 앞으로'도', 즉 쭈욱 계속될 것 같은 불안함이지요. 그런데 가만 들여다 보면 '앞으로도'라기 보다는 그 순간 같이 함께해 주는 사람이었고, 함께해 주는 사람의 그 행위 즉, '들어주는' 귀였습니다. 그들은 '말이 고팠고' 말이 그리웠습니다. 그 말할 기회를 얻고 말이 터지니, 그들의 이야기 속에서는 때론 '내가 왕년에…'라는 허기진 호기도 보였고, 사소하게 여겼던 것을 다시 주워 모으는 노력도 보였고, 하찮게 생각하던 자신의 또 다른 물맷돌을 자신의 것만으로 다시 되찾는 수확도 있었습니다. 이제껏 골리앗 앞에서 칼과 방패만을 비교하던 그 비교의식보다 자기의 이야기 속에 나타난 자기와 또 다른 자기를 비교하며 자기 이야기를 통합해가는 모습도 보였습니다.

저는 그들의 이야기를 들을 때 무조건 칭얼거림을 듣는 그런 방식으로 만나지 않습니다. 제 입장에서 보면 별로 인정받지 못할 것, 칭찬 받을 것이 아님에도 불구하고 수용하고 지지하거나 격려하지 않습니다. 말한 그대로 들으려 하고, 그들의 이야기 속에서 연결되지 않는 이야기는 짝을 맞춰 봅니다. 즉 이야기에는 패턴이 있습니다. 그리고 이야기를 하다보면 그 이야기의 화자는 자주 쓰는 단어가 있습니다. 이야기의 패턴이나 단어에는 그 화자가 꽂혀 있는 생각, 의미를 두는 것, 가치를 부여한 것 등이 나타납니다. 그리고 그 패턴과 단어가 다른 사건에서는 어떻게 이야기되고 어느 곳에서는 다른 의미나 가치로 나타나는지도 세심하게 들어 봅니다. 또한 자살충동을 느끼는 사람은 자신의 이야기가 파편화되어 있는 경향이 있습니다. 즉 사소하게 넘기거나 하찮게 여기고 의미를 두지 않았던 것들을 긁어 모아보는 겁니다. 그렇게 자신의 이야기를 통합하고 긁어 모아보면 또 다른 자기 것이 발견되기도 하지요.

그리고 다른 한편, 화자가 제기하는 힘들어하는 문제들은 잘게 잘게 쪼개서 질문을 해 봅니다. 다시 말해서 분리하는 질문을 하는 것입니다. 앞에서도 언급한 부분이지만 문제란 놈은 우리를 분리하는데 주목적이 있습니다. 그러기에 우리는 역으로 문제를 분리하는 것이지요. 예를 들어, 쇼핑중독자라고 하면 쇼핑/중독/자로 분리해 보는 것입니다. 그리고 쇼핑을 또 분리해 봅니다. 어떤 쇼핑, 무엇을 위한 쇼핑, 왜 쇼핑, 언제 쇼핑, 누구를 위한 쇼핑, 누구와 쇼핑 등등. 또한 중독도 양적으로 중독, 질적으로 중독, 어느 면에서 볼 때 중독, 어떤 영향, 그 영향이 나에게, 너에게는?, 자者자도 분리해 봅니다. 내가 보는 나, 네가 보는 나, 어제의 나, 기억하는 나, 왕년의 나, 앞으로 기대하는 나 등등으로 나눠 봅니다. 그러다 보면 문제란 놈은 어디에선가는 틈을 보이게 되고 균열이 나타나게 됩니다. 이때 반드시 사람과 문제 분리는 필수입니다.

다시 본문으로 돌아가 보겠습니다. 사르밧 과부의 모자는 기근 때문에 죽지 않습니다. 천사를 대동하시기 이 전에, 위엄하신 하나님이 직접 움직이시기 보다는 우리를 허락하신다고 저는 이 본문을 읽었습니다. 기근은 우리를 넘어뜨리지 못합니다. 다만 우리의 관계가 우리를 넘어뜨립니다. 아내의 빈자리, 자식의 빈자리, 같이 걸어줄 그 누군가의 빈자리가 기근을 기근답게 만든다고 저는 생각합니다. 감옥에 있을지라도 애틋하게 기다릴 수 있는 그 누군가가 있다면 사형을 기다리는 바울 사도의 감옥은 더 이상 기근이 아니지 않을까요? 골리앗이란 어떻게 할 수 없는 상대가 기근으로 몰아칠지라도 거기에 누군가가 같이 해줄 수 있다면 그 이상의 자기를 만날 수 있을 것이라 생각합니다.

5

가나 혼인 잔칫집의 비유

● 요한복음 2장 ●

'우리'에 대한 대표적인 그림이 있습니다. 잔칫집이어야 할 우리 가정이 초상집이 되었을 때 '우리'가 초상집을 잔칫집 같던 우리 가정을 되돌려 놓은 사건이었습니다. 바로 가나의 혼인 잔칫집의 비유입니다. 잔치로 시작된 집안에서 포도주라는 잔치의 매개체가 부족해짐으로 해서 집단으로 걱정을 안게 되었습니다. 나름 불안이라 할 수 있지요. 이제까지 소개한 불안과는 다른 모습의 불안, 특히 가정의 불안을 본문에서 설명할 수도 있을 것 같습니다.

본 비유를 읽으며 궁금한 점이 많습니다. 물론 문화가 다르니 충분히 이해하기는 어렵겠지만 혼인 잔치에는 과연 무엇(혹은 누가)이 있으면 족할까요? 그 혼인 잔칫집에 초대된 사람들은 무엇을(혹은 누구를) 위해 모였을까요? 가나 혼인 잔치 이야기의 주인공이 누구일까요? 예수님께서 공생애를 시작하시기 전 제일 처음 행하신 기적 사건인데 저에게는 기적보다 더 먼저 보이는 것이 '우리'였습니다. 그리고 이야기가 마지막 마무리로 치달을수록 아이러니하게 기적의 주인공이셔야 할 예수님은 아예 보이지 않습니다. 더군다나 예수님이 영광을 나타내셨다는 대목(11절)에서는 뭇 사람들 앞에서 광채가 난다기 보다는 제자들에게 믿음을 주려는 사건이었습니다. 이런 기이한 현상을 어떻게 이야기 할 수 있을까요? 저는 이 이야기를 우리 가족, 우리 공동체의 불안을 이겨내는 또 다른 모습과 시간의 즉시성 그리고 하나님의 그지없는 겸손하심과 아름다운 리더십으로 끌고 가고 싶습니다. 의도적으로.

왜 혼인 잔칫집에 비상이 걸렸나요? 잔칫집에 꼭 있어야 할 포도주가 떨어져 갔습니다. 잔칫집에는 여러 형태가 있습니다. 그런데 지금 혼인 잔칫집이란 특별한 잔칫집이 일반적인 잔치로 둔갑한 것은 아닌지 돌아볼 일입니다. 생일잔치와 친목계에서 하는 잔치, 승진 턱과 혼인 잔치의 상차림이나 초대 손님 등등이 다르겠지요? 물론 그럼에도 불구하고 공통적으로 들어가는 약방의 감초 같은 잔치 음식이나 어느 잔치에서도 뺄 수 없는 손님이 있을 수 있겠지요. 그러나 혼인 잔칫집에서 가장 중요한 것은 포도주가 아니라 혼인한 신랑 신부이지 않을까요? 그런데 본문에서 신랑 신부는 전혀 언급이 없습니다. 이것을 주객이 전도되었다고 표현하지요.

잔치와 같아야 할 '우리', 잔칫집이어야 할 우리 가족, 우리 교회의 주인공, 빠지면 안될 음식이 엉뚱한 것의 결핍으로 인해 우리의 잔칫집은 초상집이 되고 있지는 않나요? 인생 누구에게나 기근이 있듯이, 인생 누구에게나 닥치는 골리앗과 같은 어떻게 할 수 없는 장애물, 인간이기에 비교를 통해 움직여지는 인간이지만 그러한 것들이 우리 가정, 우리란 공동체를 주저앉히고 흔들만한 중심이나 주체는 아니지요. 모든 일에서 제일 먼저 세워야 할 것이 주체이지요. 그 주체를 세우면 그 주체를 중심으로 해서 주변을 배치할 수 있습니다. 그런데도 우리의 삶, 가족관계, 그에 따른 역할 등의 주체가 사회문화적 관점이 주체가 되고 우린 그에 맞추는 주변이 되어 가고 있지요. 이 구도를 바꿔야 합니다. 가정은 신랑 신부가 주체입니다. 사회 문화, 심지어 자녀, 부모 친지도 그 가정의 삶을 좀 더 풍요롭게 하는 포도주일 뿐입니다.

가정의 불안은 주체와 주변의 위치가 모호하거나 혼란이 있을 때 일어나는 경우가 허다합니다. 자녀 잘 키워 보겠다(주체)고 부부(주변)가 나눠지기도 합니다. 아파트 평수 바꿔 보겠다고 부부간에 불안이 조성됩니다. 효도해보겠다고, 형제자매 관계 때문에 가정의 주체가 흔들리기도 합니다. 가정의 주체를 부부로 세웠다 해도 그 중심은 부부의 행복이나 사랑 같은 것으로 대체하기도 합니다. 오해하지 마십시오. 부부의 우선순위는 사랑에 있지 않습니다. 부부의 삶의 우선순위가 행복에 있지도 않습니다. 이 부분이 혼돈되십니까? 다음 장(창세기 2장)에서 더 깊이 말씀드리겠지만 부부는 축복된 존재로서 축복하는 관계이기 때문입니다.

본문으로 돌아가 보죠. 가나 혼인 잔칫집에 포도주가 떨어지므로 예수의 어머니가 포도주가 떨어짐을 예수께 전합니다(3절). 그리고 잔칫집 내방은 술렁거리고 조금 시끄러운 듯하며 바삐 움직이고 있습니다(6절). 내방 사람들의 이런 행위는 당연한 것이지요. 자신들의 역할과 고민은 포도주 맞습니다. 그들에게 잔칫집 본질, 혼인 잔칫집의 주체와 중심, 우선순위가 어떠해야 될지 그것을 논할 위치도 아니고, 중요하지도 않지요. 이들의 가장 중요한 역할은 잔치에 필요한 음식을 제때 내방에서 내어가고 잘 관리하는 것입니다. 그러니 이들의 내방 경영을 문제 삼자는 것이 오늘 본문의 핵심이 아닌 것은 누구나 아는 사실이지요. 이들은 본문의 본질을 호도하지 않았습니다. 자신의 역할에 최선을 다했습니다. 여기에 예수님도 한 몫을 하신 거죠. 중심은 아니나 주체적으로.

본문의 가나 혼인 잔칫집에서 포도주가 중심이 아님은 예수님의 활동에서도 분명하게 들립니다. 만약 본문에서 포도주가 중심 주제였다면 당연히 초점은 예수님의 활동, 즉 기적 사건이 강조점이 되어야 합니다. 즉 예수님이 주인공이 되어야지요. 그렇다면 본문의 마지막 절에 가면서 예수님이 일으키신 기적에 대한 찬사가 있어야 하지 않을까요? 그리고 예수님이 손을 벌리며 겸손하게, 혹은 화려하게 등극하셔야 하지 않을까요? 그런데 예수님의 이 기적 사건을 충분히 경험한 자들은 오로지 내방 사람과 제자들임을 추측할 수 있습니다(11절). 예수님은 온데간데없고 잔칫집 주인이 찬사의 대상이 됩니다(10절). 그럼 예수님은 이 이야기의 주인공이 아니라고 할 수도 있지 않을까요?

예수님, 기꺼이 우리의 잔치에 참여해주신 분. 그러나 혼인 잔칫집에서 주체적으로 활동하셨으나 중심에 서지 않으신 분. 혼인 잔칫집의 주체인 신랑 신부만이 아니라 잔칫집 내방에 있는 사람들조차도 이야기로 끌어들인 분. 그리고 '혼인'잔칫집의 본질, 주인공인 신랑을 전면에 다시 서게 하신 분. 이야기의 주인공을 주인공답게 만들어 주신 분. 그러나 신랑신부가 잔칫집 손님들의 찬사를 받을 때, 당신은 살짝 빠지시고 영광을 신랑신부가 받게 하신 분. 마치 자신의 밭에서 이삭을 줍는 여인이 한 남자의 도움을 받지 않고 배고픔을 해결한 듯 느끼게 하고, 자신의 행위가 부끄럽지 않도록 배려하여 여인 자신의 노력이었던 것처럼 생각하도록 한 보아스와 룻의 사랑 이야기처럼. 찬사 받지 않는 리더, 생색내지 않는 사랑, 영광을 타자에게 돌리는 내적 강고함. 더군다나 아무도 봐주지 않는 잔칫집 내방에서만 있는 자들이 이야기의 또 다른 주체로서 '우리'에 끼도록 판을 짜 주신 분.

불안의 또 다른 형태(근원이나 원인이라고 하면 안 됩니다)는 가정의 주체가 불분명할 때라고 저는 생각합니다. 어느 한 명, 어느 하나의 역할만이 중심이 돼서는 안 된다고 저는 상담자로서 주장합니다. 가정에서 우리 모두는 '중심은 아니나 각자가 주체'입니다. 주체라 함은 주체적으로 이야기 할 수 있어야 합니다. 그러면서도 그 이야기가 '우리' 안에서 누구의 이야기도 중심이라고 말하지 않고 모두가 끼도록 판이 짜여져 있어야 합니다. 우리 주님은 그리 하셨습니다. 그런데 이 본질이 뒤바뀌면 잔칫집이 초상집으로 변합니다. 우리 가정에서는 이런 일이 허다합니다. 불안은 주체인 신랑 신부가 포도주란 비본질과 뒤바뀐 삶, 경제와 부부, 자녀 교육과 부부, 시집/친가와 부부 등의 본질과 비본질의 충돌이지요.

기존의 여러 가족 상담학자들은 불안을 포함한 개인의 심리적인 문제, 문제행동(정확히 말해서 우리 사회와 관례, 관습, 교육적 관점 등이 문제 행동이라고 규정한 것), 자존감, 갈등 등에 대해 많은 논리를 쏟아 냈습니다. 가족의 체계, 즉 부부간, 부모자녀간, 형제/자매간의 분명한 경계선이 있고, 역할이 있다는 것입니다Minuchin. 그 경계선이 유연하지 못하고 각자의 역할이나 경계를 너무 고집스럽고 융통성이 없는 것도 문제이고, 그렇다고 너무 경계가 불분명하면 그것도 역시 문제라는 것이지요. 예를 들어, 가정 규칙에 매인다든지, 규칙 없이 따로 국밥 같은 가정이랄지, 부모가 있음에도 소녀가장의 역할을 하는 자녀. 혹은 부부가 오빠 동생하거나, 엄마가 남편과의 관계는 불편해하면서 아들을 남편 대용으로 생각하는 사람이 있다면 미누친은 아마도 야단칠지도 모르겠습니다.

또 다른 가정학자에 의하면 남편은 남편의 본가족(원가족), 아내는 아내의 본가족으로부터 받은 정서적 영향에서 벗어나지 못하는 삶을 사는 가정이나 개인이 역기능적인 가정을 이룬다고 합니다 Bowen. 이를테면 친정 부모에게 받은 상처를 현재 결혼생활에까지 끌고 온다던지, 원가족에게서 못해본 것을 현재 자신의 가정에서 한

풀이 하듯 한다던지, 엄마가 아들에게 정서적으로 집착한다던지 하는 것을 말합니다. 이런 것을 정서적으로 분화가 되지 못한 경우라고 한답니다. 즉 건강한 사람, 건강한 부부와 가족이라면 원가족과도, 현재 가족 구성원과도 정서적으로 적당한 거리를 유지하고 있는 모습이라고 합니다. 흔히 말하는 내 안에 있는 성인아이라든지, 결혼 후까지도 원가족과의 정서적으로 매여 있는 '끝나지 않은 비즈니스' 같은 것을 예로 들 수 있습니다.

사티어Satir는 좀 더 내면의 세계와 가족 체계의 결합을 통해 개개인을 설명하려 했으며 특히 가족의 의사소통에 방점을 두고 가족과 개인을 이해하려 합니다. 인간의 심리내적인 것은 빙산 같다는 가정을 한 학자입니다. 그리고 외형적인 면에서의 상호작용은 관계적 측면에서 일어난다는 것입니다. 다시 말해서 인간의 깊은 내면은 우주와 같은 영적 세계란 것이 있고, 그 영적 세계가 여러 문화와 가정의 영향을 머금으면서 진화하듯 인간 내면이 성장한다는 것입니다. 이 영적 내면세계는 무의식 차원에서 서로가 상호작용하게 되고, 여러 영향을 받은 내면은 잠재적 차원으로서 자동적 상호작용을 한다는 것입니다. 그리고 그 성장한 내면이 밖으로 드러나 의식적 차원으로서 의사소통 방식으로 상호작용하는 것이 인간이라는 것입니다. 좋은 인간관계, 가족관계는 우월감과 자존감에 달려 있다는 것입니다. 의사소통 방식은 산만형, 회유형, 비난형, 초이성형, 일치형 이렇게 다섯 가지 유형으로 나누고 비폭력 대화를 훈련하는데 중점을 둡니다.

혹은 가족 안에서 일어나는 문제들은 가족 간의 위계의 문제로 보는 것입니다. 그 위계는 가족 개개인의 기능과 연관을 가지고 있다는 것이지요. 이 기능에 대해 헤일리Haley는 힘과 통제가 가족을 움직인다고 봅니다. 반면 마데나스Madenas는 그 기능을 보호와 돌봄의 관점에서 보기도 합니다. 예를 들어, 부부가 싸우고 있습니다. 그런데 6살짜리 아들이 거품을 물고 넘어갑니다. 이 현상을 헤일리는 아이가 무의식적으로 힘을 부려서(=넘어가는 행위) 부부를 통제하려는 것이라고 해석하고, 마데나스는 이것을 가족을 보호하고 돌보려고 무의식적으로 하는 행위로 봅니다.

한편 위의 가족상담과는 결이 완전히 다른 방향에서 가족 상담을 풀어낸 분들이 작고하신 드 세이저De Shazer와 김인수 박사님 부부이시지요. 이 분들은 가족의 체계나 위계 등으로 설명하려하기 보다는 문제를 해결하는데 초점을 맞춥니다. 즉 문제의 원인이나 근원이란 부분에 관심을 두지 않고 문제란 언어로 구성된 것일 뿐이란 의식입니다. 그러기에 문제의 원인을 규명하고 그 부분을 처방하는 것에 방점이 있는 것이 아니라 어떻게 살고 싶은지에 대해 초점을 맞추고 그에 따른 전략을 짜는 것이지요.

세상 학문은 우리 가족의 문제와 건강을 위해 여러 방향에서 이야기를 풀어내고 있습니다. 그러나 이 모든 이론들은 이론일 뿐, 우리 가족의 삶과 개인의 삶을 온전히 설명해내지는 못합니다. 각 이론마다 그럴 듯한 면도 있지만 이런 이론을 함부로 일반화시키면 의

외로 많은 가족을 병리적으로 만들어 버립니다. 예를 들면, 태어날 때부터 아버지가 없었다면 이미 그 가정은 구조 자체가 '역기능'을 품고 삽니다. 보웬Bowen 이론으로 우리 가정과 우리 자신을 들쳐보다 보면 우리는 모두 태생적으로 병리적인 가계도를 가지고 태어난 겁니다. 왜냐하면 엄위한 문화가 뿌리 깊은 조선의 유교문화를 물려받고 식민지 시대와 심신이 파괴되는 전쟁, 즉 인간으로서, 안정된 정서를 다듬고 살아가기에는 너무도 피폐해질대로 피폐해진 환경을 뚫고 나오신 우리 부모세대를 원망해야 하니까요. 이런 역사적, 사회문화적 고통을 뚫고 나온 저력은 보이지 않고, '쌍소리'(소위 말하는 욕) 한 마디에 상처받고 문제가 되지요. 그러므로 주어를 내세우는 서양의 의사소통방식, 즉 I 메시지, You 메시지로 뜯어 고쳐야 한다는 것입니다. 이것이 비폭력 대화라고 합니다. 그러나 자신을 낮추고 목적어를 높이는 우리 문화의 의사소통방식과는 사뭇 다르지요. 한 마디 안하고 물끄러미 보시며 가슴앓이를 하시던 아버지 상은 무조건 건강치 않은 부모상이 될 수도 있습니다.

학문적 업적들이 폄훼되어서도 아니 되겠지만 그 한계를 분명히 하는 것도 중요하다고 생각합니다. 학문적 업적이 우리 삶을 설명하는데 서토 영향을 끼칠 수 있는 주체일 수는 있으나 그 무엇도, 그 누구도 중심일 수는 없습니다. 자칫 잘못하면 주님의 창조물, 그것도 하나님보다 조금 못하게 지음 받은 자(시 8편)의 폭넓은 신비가 작은 범주에 갇힐 뿐만 아니라 오묘한 주님의 섭리를 규정하는 오류를 범할 수 있습니다.

그래서 이야기치료는 모든 학문적 가설과 논리, 설명들을 이야기의 한 종류로만 인정합니다. 또한 이러저러하면 이렇게 될 수 있다는 확신 같은 예측 가능성을 거부합니다. 이 예측 가능한 생각을 다른 말로 하면 필연론, 혹은 인과론이라고 할 수 있습니다. 이 필연론(인과론=결정론)의 원조는 그리스 신화와 철학이지요. 이 철학이 기독교 세계관에도 많이 스며든 것 같습니다. 아무튼 이 필연론, 인과론의 가장 큰 과오는 우리의 삶에 '그럼에도 불구하고'라는 반전, 패자 부활전이 없습니다. 또한 우리의 시간 개념을 '과거'에 매이게 했다는 것입니다. 오늘의 나는 오늘의 나에서 시작해야 하는데, 오늘의 나가 어제의 나에 의해 좌지우지 된다는 허무맹랑한 이야기입니다. 물론 과거가 오늘의 나에게 영향을 미칠 수는 있으나 오늘의 나를 규정하지 못하는데도 말입니다. 만약 과거의 내가 오늘의 내가 된다면 우리들 대부분은 정신병자로 살아갈 것입니다.

그러나 이야기치료는 필연론 대신 삶의 신비, 열린 개연성으로 내일을 기대합니다. 과거를 문제 삼지 않고 오늘의 '나'를 주님의 손길이 만나고 계십니다. 과거 그 무엇, 그 누구에 의해 상처를 받았다, '그럼에도 불구하고' 오늘의 나는 반전의 삶을 꾸렸기 때문에 오늘 내가 여기 있는 것이지요. 아무 확신도, 예측도 하지 않고 오늘에 대해, 오늘 나의 선택에 대해 다양한 결론이 기다릴 거라는 기대로 맞이합니다. 그래서 이야기치료는 인생을 신비로 여깁니다. 이것을 우리 신앙인의 언어로 하면 '하나님 손에 달려 있다'고 합니다(잠 16:9). 우리는 그저 하나님을 바라고 그의 긍휼하심을 기다리는 것입니다(시 123편). 이게 바로 바울 사도께서 고백한 "나는 날마다 죽노라"(고전 15:31)가 아닐까요?

즉시성이 중요합니다. 이스라엘의 혼인 잔치는 약 일주일 동안 열린다고 합니다. 그런데 예수님과 제자들이 잔치 시작부터 거기 계신 것은 아닌 듯합니다. 제가 이렇게 추측하는 이유는 아무리 내방을 책임진 주방 분들이 일을 못한다 할지라도 포도주가 단 하루 만에 떨어질리야 만무하겠지요(3절). 그리고 10절에 손님들이 말한 내용을 잔치 당일에 했다고는 보기 어려울 것 같습니다. 최소 하루 이틀, 혹은 그 보다 더 지났을 때 예수님은 잔치에 초대받으신 것이 아닌가 싶습니다(2절). 저의 추측이 맞던 틀리던 분명한 한 가지는 잔치를 배설한 주인은 예수님을 아무튼 늦게라도 초대하였고, 예수님은 늦게나마 잔치에 계셨습니다.

열린 가연성을 가지고 오늘을 산다는 것은 즉시성이 강조되는 삶입니다. 깨달음이 있었을 때 늦었지만 즉시 실행하는 즉시성. 성령의 감동이 있었을 때 늦었지만 즉시성. 혹시 그 순간 망설였을지라도 성령님이 주신 그 감동이 마치 언친듯이 계속 나를 붙잡을 때 그 순간을 삶으로 옮기는 신앙인의 자세가 요구됩니다. 상담에서 강조하는 '지금 현재here and now'의 삶인 거지요. '시간'이란 개념으로만 존재하는 것이지 실지로 존재하는 것이 아닙니다. 과거란 시간이 있고, 미래란 시간이 있는 것이 아닙니다. 다만 오늘 이순간만 존재하는 것이지요. 존재하는 순간 사라지는 것이 시간이지요. 그럼 우리가 말하는 과거란? 지금 현재 과거라고 이야기하는 그 과거, 지금 이야기하는 그 미래일 뿐이지요. 즉 현재 이 순간 안에 과거, 현재, 미래가 다 '이야기하고 있는' 그 시간 안에 있는 것입니다. 그러므로 우리는 오늘 이 순간의 즉시성을 사는 것입지요. 제가 아는 성경의 상식에서 보면 '시간'이란 현재, 더 정확히 말해서 현재가 되려는 순간 과거가 되는, 즉 종말만 존재하지 과거나 미래란 시간은 없는 걸로 알고 있습니다.

본문의 혼인 잔칫집 상황을 가족치료에 대입해 보면 가족체계system나 역할과 기능이 개개인에게 영향을 줄 수는 있으나 결정적인 요인은 되지 못합니다. 인간이, 우리 가족이 진화된 생물이 아니라 하나님 손에 창조된 피조물이라면 그리 만만하고 쉽게 변화거나 파괴되는 창조물이 아닙니다. 물이 변하여 포도주가 될 수 있으니까요. 즉 '그럼에도 불구하고'가 반드시 있을 것입니다. 포도주가 잔칫집에 영향을 줄 수는 있으나 중심은 될 수 없듯이, 우리 모두는 서로 영향을 줄 수 있는 주체이나 조정, 통제할 수 있는 중심이 되지 않는 관계가 중요합니다. '그럼에도 불구하고' 예수님은 움직이셨으며, 잔칫집 누구나 참여할 공간과 역할을 만들어 주셨습니다. 그 결과 우울해질 뻔한 곳이 되살아났습니다. 그 결정적인 역할을 한 분이 예수님이십니다. 그럼에도 불구하고 예수님께서는 당연히 받으셔야 할 찬사를 신랑 신부에게 돌리시고 홀연히 제자들과 바람과 함께 사라지셨습니다. 진정 멋지고 본받고 싶은 리더이십니다. 이 모든 시간적 상황이 즉시성이었습니다. 마리아의 즉시성, 하인들의 즉시성, 잔칫집 주인의 즉시성.

6

아담과 하와의 창조

● 창세기 2장 ●

'우리'라는 종류의 하나인 '가족'이란 공동체를 인간은 과연 지켜야 할 가치가 있을까요? 인류 역사상 가장 오래되고 원초적인 인간 공동체이자 현재까지, 아니 인류가 존속하는 한 끝까지 유지될 공동체가 있다면 '가족'이란 공동체가 아닐까 합니다. 어떻게 이렇게 오랜 기간 존속될 수 있었는지? 왜 가족이란 집단이 만들어졌는지? 왜 우리는 가족이란 단어 자체만으로도 가슴이 따뜻해지기도 하고 바늘로 쑤시듯 아파지는지? 우리에게 가족이란 것이 무엇이기에 우리는 이토록 애타하며 지키려고 노력을 해왔는지? 즉 우리에게 안도와 불안이 만드는 또 하나의 공장과도 같은 이 가족에 왜 그리 연연하는지? 가족의 정의는 무엇일까요? 무엇을 가족이라고 말해야 할까요? 무엇을 위해, 누구를 위해, 왜 가족이 존재해야 할까요?

'우리'에 대한 성경상의 원조는 하나님과 아담 그리고 하와라고 생각합니다. 우리는 창세기 2장의 에덴동산이 열리고 아담과 하와가 창조된 이야기를 부부의 원조, 혹은 가족의 탄생으로 이야기하곤 합니다. 만약 이 본문이 부부 탄생의 원조로 이야기할 수 있다면, 부부는 서로에게 어떤 존재여야 하는지, 부부를 만드신 이유는 무엇인지, 부부에겐 무엇이 필요한지를 엿볼 수 있다고 생각합니다.

창세기 2장

"15여호와 하나님이 그 사람을 이끌어 에덴동산에 두어 그것을 경작하며 지
키게 하시고…….
18여호와 하나님이 이르시되 사람이 혼자 사는 것이 좋지 아니하니 내가 그
를 위하여 돕는 배필을 지으리라 하시니라
19여호와 하나님이 흙으로 각종 들짐승과 공중의 각종 새를 지으시고 아담
이 무엇이라고 부르나 보시려고 그것들을 그에게로 이끌어 가시니 아담이
각 생물을 부르는 것이 곧 그 이름이 되었더라
20아담이 모든 가축과 공중의 새와 들의 모든 짐승에게 이름을 주니라 아담
이 돕는 배필이 없으므로
21여호와 하나님이 아담을 깊이 잠들게 하시니 잠들매 그가 그 갈빗대 하나
를 취하고 살로 대신 채우시고 22여호와 하나님이 아담에게서 취하신 그 갈
빗대로 여자를 만드시고…"

저의 성경 상식이 일천합니다. 이것을 감안하고 읽어 주십시오. 제가 보기에 창조자 하나님께서 최초 '우리'란 관계를 형성하신 그 목적이 독특하십니다. 고대근동 신화에 흔히 나와 있는 신

과 그의 피조물인 인간과의 관계가 통치와 섬김 구도가 아닌 동산을 약속하시고 그 동산을 상속받고 돌보는 동역자 관계로 구성된 것 같습니다. 즉 피조물 아담이 감히 창조자 하나님의 동역자의 반열이고 청지기의 소임을 맡은 거죠. 마치 자상한 아버지와 그의 자녀 같은 느낌이 본문에서 연출 됩니다. 그런데 그 자녀가 '혼자 사는'(개혁개정), '독처하는'(개혁 한글), '혼자 있는'(표준새번역), 'live along'(CEV)것이 마음에 불편하셔서 아담이 잠든 사이에 '돕는 배필'을 만들어 주시겠다고 두 번씩(18, 20절)이나 성경은 언급하고 있습니다.

문맥이나 앞뒤 이야기로 볼 때 아담이 '홀로 있음'의 방점이 외로움도 아니고, 불쌍함도 아니고, 슬픈 것도 아닌 것 같습니다. 만약 저런 정서적인 문제라면 그 다음 창조주께서는 외로움을 덜어줄 자 혹은 사랑할 자 그것도 아니면 함께 나눌 자 이런 것이 되어야 하지 않을까요? 그런데 에덴동산에서 홀로 돌보고 지키던 아담, 이 짐승 저 식물에 이름을 붙여주던 아담에게 '돕는 배필'을 지어주셔야겠다고 하신 정황으로 봐서 홀로 있음은 동산의 청지기 사역과 관계가 있을 듯합니다. 창조주 하나님과 그분의 피조물 아담이 '우리'로 묶일 때도 에덴동산 돌봄을 매개로 하였고, 아담과 하와가 '우리'란 공동체를 이룰 때도 에덴동산의 사역과 관계가 있는 듯합니다. 즉 하나님과 에덴, 그리고 인류 최초의 부부는 정서적 공동체가 아니라 사역 공동체였던 것이라 보입니다. 제가 이렇게 말씀 드리는 것이 혹 굉장히 거부감이 들지는 않으시나요?

좀 더 가공하지 않고 직설적으로 이런 말을 드리면 더욱 거북하실지 모르겠네요? "부부는 사랑하기 위해서 만나는 것이 아니라 필요를 채우기 위해 만났다." 혹은 "부부는 사랑 없이도 행복할 수 있다." 이런 명제가 우리를 심히 불편하게 하지는 않으십니까? 그래도 '사역'이란 단어를 쓸 때는 하나님과 연관된 것 같은 느낌이어서 그래도 받아들이기가 어렵지 않은데, 사역을 필요란 단어와 바꿔치기 하면 많이 불편하실 겁니다. 만약 불편하시다면 그건 부부 사이에 '사랑'이란 고리가 기본이고, 지고지순이란 신드롬에 빠져 있다고 봅니다. 본문 2장에 나오는 '돕는 배필'이란 단어를 빼고 세상 취향이 묻어 있는 '사랑'이란 단어로 대처해 놓으므로 해서 '돕는'의 깊고 귀한 의미와 가치를 상실하게 한 것이라고 감히 말씀 드릴 수 있습니다.

부부사이에 사랑보다는 '필요'를 앞세운다는 것이 부부란 관계에서 숭고한 그 무엇이 빠져버리는 듯한 이 불편한 감정이 일어납니다. 이것은 비단 저만이 아니라 여러분도 같은 느낌이 아닐까 생각합니다. 그러나 이런 현상은 인간 창조의 본연인 아담과 하와로부터 시작된 것이 아니라 서양의 19세기에 일었던 부르주아 낭만주의 문학의 영향이라 할 수 있습니다. 즉 부부창조의 직접 동기가 사랑이신 하나님의 속성을 닮은 우리 인간이 인간의 역사 속에서 가꿔지고 만든 또 다른 '주의'이고 '이념'이었던 거죠. 사랑의 결실이 마치 결혼이고, 그 결실물인 부부가 추구해야 할 것이 사랑인 것 같은 착각을 일으키게 한 것이 서양의 로멘틱 러브이지요.

로멘틱 러브, 운명적인 사랑. 소울 메이트. 뭔가 듣기만 해도 아련하고, 남녀노소 누구(?)의 가슴도 뛰게 하는 그런 단어가 아닐까 생각합니다.-이하의 내용은 김공숙 작가의 논문에서 대부분 발췌한 것입니다-빠지면 무엇이든 할 수 있을 것 같은 마약과 같고 그 어떤 희생도 감수할 수 있을 것 같은 사랑, 비련으로 끝날 줄 알면서도 불나방처럼 달려드는 열정, 그렇게 열정적으로 사랑했으나 언젠가 어떤 이유에선지 식어져 허탈해하는 그런 것, 그럼에도 한번쯤은 찾아와줬으면 하는 기대와 한번쯤은 마셔보고 싶은 사랑의 묘약. 현재이고 현실인 남녀의 인간관계가 심리내적으로 자리바꿈하게 한 것이지요. 이런 로맨틱 러브가 힘을 받는 또 다른 축이 분석적이고 이분법적인 그리스로마 철학에서 설파하였던 필로스니, 에로스니 아가페니 하는 철갑옷을 입은 것입니다.

이것을 오롯하게 드러냈던 것이 서양의 18세기 낭만주의 문학의 산물입니다. 그렇다고 그것이 부르주아지의 창조물이 아니라 12-13세기 기사와 영주 부인의 사랑이란 주제가 모티브가 되었다는 것은 이미 알려진 것입니다. 볼프강 라트Wolfgang Rath가 이것을 자신의 책 『사랑, 그 딜레마의 역사』에서 시대별로 잘 정리해 두었습니다. 이 문학 사조가 우리나라 조선후기의 신지식 층, 그러니까 일반인이 한번쯤 따라해 보고 싶었던 계층들의 전유물이 되었던 것이죠. 마치 그들이 명동 어느 다방에서 마시던 커피와 맥주를 따라해 보고 싶었던 것처럼. 자유연애가 마치 신식을 대변하는 것처럼. 감히 따라할 수는 없지만 영화로만이라도 자유부인이 되어 보고 싶었던 것처럼.

이러한 로맨틱 러브가 끼친 영향은 실로 큽니다. 사랑을 개인적이고도 소유적이며 사유화하게 만든 장본인이 로맨틱 러브입니다. 결혼관도 마찬가지입니다. 전통적으로 내려오던 결혼관, 즉 가족간, 공동체간의 합의와 결합이 개인의 선택 사항으로 바뀌었지요. 심지어 외도까지 때론 사랑의 한 형태로 자리 잡게 하였습니다. 더욱이 연애=결혼이란 이상한 등식이 형성되도록한 일등 공신이 로맨틱 러브입지요. 그러다 보니 부부관계는 당연하고 하나님의 자녀, 양자의 영을 받은 자라면 그 누구라도 추구하고 균형을 가져야 할 한 축인 '안정' '따뜻함', '깊은 헌신과 우정' 같은 가치가 불타는 사랑이란 이름 뒤로 쫓겨났습니다. 더더욱 가슴 아픈 것은 부부란 특별한 관계를 사랑이란 이름으로 열정, 매력, 가슴 뜀, 소울메이트, 사랑의 식음, 질투 등과 같은 것들은 용인하고 사역과 축복으로 묶인 부부구도는 껌 딱지 떼내듯 떼어 버렸습니다.

사랑이 먼저냐? 사역이 먼저냐? 다시 한 번 본문을 읽어 보시면 선악과를 따먹은 원죄의 문제인지는 모르겠으나 처음부터 사랑타령은 없습니다. 물론 아담이 잠에서 깨어나서 하와를 보며 고백한 것이 있기는 하지요 "내 뼈 중의 뼈요 살 중의 살이라"(창 2:23). 그러나 아담과 하와란 사람은 인간 군상이 겪어야 할 것들은 죄다 겪게 됩니다. 둘 사이에는 갈등이 있고, 서로에게 손가락질 하고 서로를 품고 헌신하기는커녕 자신만을 위해 자신을 변호하는데 급급합니다. 그 뿐입니까. 흔히들 말하는 자녀를 가슴에 묻어야 하는 사건, 그것도 자신이 난 자식들의 갈등 속에서 말입니다. 이 역시 사랑타령과는 거리가 멉니다. 사랑해서 갈등했고, 사랑해서 서로 시기 질투를 했고, 싸운 것이 아니라 지켜야 할 선악과, 청지기의 사명과 관계가 있는 문젯거리들로 나열되어 있습니다. 그렇다면 부부의 삶의 목적은 사랑이 아니라 사역입니다.

에덴동산에서 부부의 비극은 어느 사건이었습니다. 그 사건에 대한 해결 과정이 비극의 단초였습니다. 그 해결 과정 중 배우자인 상대가 자신에게 도움이 되지 않는다고 판단하고 결론지었을 때부터라고 저는 생각합니다. 서로가 그 사건에 대한 피해의식만 남아있던 그 상황에서는 피해자만 있지 가해자는 없습니다. 바로 실체가 있는 사건과 해석에 따라 달라질 수 있는 사건에 대한 원인 규명의 구도, 즉 현상적인 것과 의식적인 것의 차이이지요. 사역이란 현상, 보고 만질 수 있는 실체가 현상이 없는 '정서성'으로 옮겨간 것이지요. 절대 불가한 하나님의 당부를 지키지 않았던 상황이 불편한 상황으로, 불편한 상황이 불편한 마음으로, 불편한 정서가 불편한 관계로 변하여 결국 사역에 지대한 영향을 미치고 말았습니다. 인간은 상황이나 사건에 좌지우지 되는 것이 아니라 그것을 어떻게 해석하느냐에 따라 좌고우면하는 것입니다. 그 해석으로 인해 실체가 정서로 바뀌게 되면서 그 폭발력은 배가됩니다.

인간은 창조주 하나님이 그분의 '사역'에 초대하셨습니다. '사역'으로 창조주 하나님과 공동체를 이룬 것이지요. 태초의 공동체 아담과 하와 역시 '사역'이란 끈으로부터 공동체가 시작되었습니다. 즉 사역은 운명공동체입니다. 이 사역이란 말을 문화인류학을 빌어서 다른 말로 하면 '먹고사는 문제', 즉 경제적인 것, 생존적인 것이라 할수 있습니다. 그런데 문제는 문화인류학을 비롯한 대부분의 인간학은 단순히 먹고사는 문제라고만 할 뿐, 살아야 할 목적, 동기와 필요에 대해서는 말하지 못하고 있습니다. 단지 먹고사는 문제로 인해 '욕구'가 일고 그 욕구를 우리는 서로 모방한다는 논리를 폅니다. 반면에 성경의 증언은 '약속과 성취'라는 구도 아래 사역의 근원적 이유를 창조주의 동역자로 부름 받았다고 하고, 그분의 창조물을 누리라는 은혜를 주셨다합니다. 사역과 먹고사는 문제, 돕는 배필과 욕구의 모방의 차이가 여기 있습니다. 창조론과 인문과학의 관점이 확연히 갈리는 부분입니다.

사랑이 먼저냐? 돕는 것, 즉 사역이 먼저냐? 이 질문은 닭이 먼저냐? 알이 먼저냐의 문제와 같다고 봅니다. 당연히 창조질서로 보면 닭이 먼저이겠지요. 마찬가지입니다. 창조질서로 보면 당연히 사역이 먼저입니다. 사랑이 있어 돕는 것이 아니라 돕다 보면 사랑이 싹트지요. 물론 창조주 하나님의 속성을 닮아(시 2, 8편) 사랑의 속성이 DNA로 내재되어 있다고 말할 수도 있지만 그 내재된 DNA의 발현은 사역입니다. 사역이 공동체의 끈입니다. 공동체를 유지, 확장, 다져 나가는 것이 일차적 권리이자 의무이자 약속과 성취의 중심입니다. 에덴동산의 비극은 도움 되지 않는 두 남녀로부터 시작되었습니다. 사역이 아닌 욕구, 돕는 배필로서 운명공동체가 아닌 도와주기를 바라는 개인적 생존, 창조론의 관점인 '확장하고 있는 결론' 즉 성취가 아닌 진화론의 관점인 적자생존, 공동체를 이루는 주체와 공동체의 중심이 되고자 하는 자세의 차이라고 저는 봅니다. 결정적인 문제는 형이하학이니 형이상학이니 하며 인간을 이분법적인 구조로 고상하고 저급한, 나쁘고 좋음, 우열 구도로 몰고 가는 것입니다. 최소한 창조주의 작품에는 사역과 사랑을 이분법적으로, 우열로 구분해서 창조하지 않았을 것이라고 저는 추측합니다. 사역 안에 주님의 DNA가 들어 있습니다.

사역 없이 사랑은 없으며, 사랑 없이 사역은 불가합니다. 그러므로 사랑이란 '있다 없다', '뜨겁다 식었다'라는 구도는 더 이상 필요치 않습니다. 이러한 구도는 단지 서양 낭만주의, 그것도 봉건 시대의 영주부인과 기사의 사랑 이야기의 연장선상일 뿐입니다. 만약 우리가 하나님과 한솥밥을 먹는 운명공동체라면 그러한 사랑타령은 최소한 부부 사이에서는 이제 그만 둬야 합니다. 오해는 마십시오. '사랑해' '사랑 받고 싶어'란 정서적 표현과 묘사를 무시하는 것이 아닙니다. 사랑행위가 없다거나 사랑이란 감정을 함부로 폄훼하는 것도 아닙니다. 아주 작은 성의에도 우리의 마음은 따뜻해집니다. 아주 작은 배려에도 우리는 사랑을 느낍니다. 말 그대로 사랑스러울 때 그 사랑을 표현하고 싶습니다. 이것이 인간 맞습니다. 우리에게는 하나님의 속성인 사랑의 DNA가 내포되어 있으니 당연한 행위이지요.

다만 다른 것이 있다면 하나님의 사랑은 보편적이고 우주적 사랑이요, 인간이 구사할 수 있는 사랑은 관계적이고 상황적이라고 생각합니다. 하나님의 사랑은 지고지순의 가치이고, 인간의 행위에서 나타나는 사랑은 구체적인 행위에서만 설명 가능하다고 봅니다. 행위와 필요, 동기와 목적 등등 구체적인 상황에서 유발되는 것이 사랑의 감정이지요. 같은 상황일지라도 기대하고 싶지 않은 관계일 때는 사랑은커녕 혐오를 느끼게 됩니다. 원하는 관계 안에서는 작은 성의에도 사랑 받는다고 생각합니다. 혹은 아무 관계가 없어도 누군가에게 이타적 행위를 하는 것, 즉 알지도 못하고 전혀 관계도 없는 사람의 고통을 볼 때 우리는 사랑 행위라고 합니다. 즉 행위, 필요, 동기, 목적 등과 같은 것이 관계와 상황의 구체적 조건 하에서 상호작용 하는 것에 대해 나름의 '해석'을 붙인 것을 우리는 사랑이라고 합니다. 사랑은 추상명사요, 행위는 경험입니다. 즉 행위에 대한 이름붙임이 '사랑'이란 표현입니다. 그 경험을 어릴 때부터 학습하고, 그 학습과정에서 사랑을 변별하는 법을 우리는 배워 온 것입니다. 그러기에 사랑은 죽을 때까지 배워가는 것이고, 습득해 가는 것입니다. 죽을 때까지.

부부의 기초는 사역이 매개 고리입니다. 이제 좀 더 분명해 질 필요가 있습니다. 부부란 하나님의 축복을 받은 관계로서 사역이 끈이고 추구점이며 사랑의 유발이어야 합니다. 인간은 필요가 기본입니다. 그 필요에 축복을 받은 것이 사역입니다. 부부는 사랑이 동기가 되었다거나, 사랑을 추구하기 위한 관계가 아니라 사역을 하다보면 사랑이 발생합니다. 종족 번식을 위한 수단이었든, 법적 단위의 가구를 이루는 것이든, 정서적 측면의 가정이 필요했든, 너와 나의 사랑을 위한 것이었든 엄밀히 보면 필요에 의해 우리는 결혼이라는 틀을 이용했습니다. 그럼에도 불구하고 우리는 부부라는 이름으로 사랑이란 이름으로 그 필요 위에 덧씌워 실체에 접근하지 못하게 합니다. 나를 희생하고, 온전히 아이들만을 위한다는 지고지순 역시 사역입니다. 다시 말해서 필요입니다. 그러기에 이제 나의 동기가 필요였다면 배우자의 동기도 필요였다는 것부터 우리의 관계는 시작되어야 합니다. 다른 말로 하면 "사랑"이 동기가 아니라 "사랑하기"가 동기이자 과정이며 부부의 행위입니다. 그 "하기"를 채워가는 것이 우리가 말하는 관계적 사랑입니다.

의외로 많은 부부 사이에 불안은 태초 아담과 하와가 그랬듯이 사역의 문제입니다. 사역의 종류, 사역의 책임성, 우리의 사역이 아닌 네 사역과 내 사역의 경계구분, 사역에 대한 경중 등에 대한 관점의 차이나, 사역에 균열이 올때 부부간에 불안이 발생하는 경우를 볼 수 있습니다. 그럼에도 불구하고 그 균열을 사랑으로 둔갑시켜 버리면 일상의 충실함과 현실적 사랑하기를 넘어 극적인 희생과 한쪽이 다른 한쪽을 지배하는 구조가 되기에 충분합니다. 사역은 둘이 하나가 되는 그런 로맨틱 러브가 아니라 독립적인 자아로서 일정 거리에서 일정 역할을 수행할 수 있어야 합니다. 사역 안에서 싹트는 따뜻함과 온화함 우정 같은 아름다움 보다는 로맨틱 러브의 화두였던 열정과 매력, 그리고 강렬함을 추구하는 기현상을 가져올 수도 있습니다. 더욱 큰 문제는 인간관계라면 어쩔 수 없이 발생하는 갈등 관리를 사랑이란 이름으로 풀려고 하면 문제가 더욱 꼬일 수 있습니다. 왜냐하면 사랑은 추상적이기 때문입니다.

가정에서 주님 안에 형제자매 관계와 부부의 특수 관계 중 어느 것이 우선하는가? 형제자매 관계가 우선합니다. 사역은 세상일과 다릅니다. 그러기에 그 추구점도 다르며 그 구조 역시 다릅니다. 부부의 시작이 하나님의 운명공동체였다면 당연히 그 가정의 가계도에는 당연히 주님이 포함되어 있겠지요. 예수님께서 허락하셨다는 교회(마 16:18)와 같은 구조입니다. 교회의 머리는 주님이시고(골 1:18), 그 분은 포도나무요 우리는 가지(요 15:5)라고 성경은 증언하고 있습니다. 그렇다면 가정의 사역은 주님으로부터 시작되는 것이겠지요. 그리고 우리 부부는 그 사역에 동참한 같은 몸에 붙은 일부분이요 가지이지요. 이것이 세상 일과 사역의 근본적인 차이입니다. 세상 일은 차별과 권력, 계급과 계층 구조가 존재합니다. 그러나 주님의 사역에는 그 어떤 구분도, 상하도, 우열이나, 우선순위도 없습니다. 부부는 창조 그대로 돕는 관계입니다.

세상에서는 부부관계를 개별적이고 특수 관계로 규정하며 그 어느 인간관계보다 우선순위를 둡니다. 그리고 사랑이란 이름으로 관계의 사유화를 조장합니다. 즉 사랑 자체를 사유화하는 것이지요. 사랑이란 이름으로 관계의 확장이 아닌 개인 소유로 묶어 두는 것이지요. 예를 들어, 우정을 생각해 보십시오. 관계가 확장되는지 좁아지는지? 사유화할 수 있는 것인지요? 물론 부부관계가 다른 관계와 절대적으로 다른 것은 성기sex의 배타적 권리가 있음은 당연합니다. 그렇다고 해서 부부관계가 사유화 된다면 주님은 포도나무요 우리는 가지라는 등식은 성립할 수 없지요. 도리어 세상적 관계에서 구조되고 유지되는 관계의 속성인 권력, 힘, 생물학적 차이 등과 같은 진화론적 인간관계가 부부관계에도 적용되는 거죠. 말로는 사역에 차별이 없다면서 인간관계에 대해서만큼 세상의 가치 기준에 맞추면 결과적으로 사역의 차별만이 아니라 주님을 머리로 한 '우리' 부부관계는 차별적 인간관계로 변질되어 버립니다.

혈연관계가 우선하는가? 계약 관계가 우선하는가? 결론을 질문으로 대신하겠습니다. 하나님과 우리는 계약 관계입니까? 혈연관계입니까? 설마 여러분 중 이단 교주가 되고자 하지 않는 이상은 하나님과 혈연관계라고 우기시는 분은 없으시겠지요? 계약 관계이기 때문에 그분은 우리를 놓지 못하셨습니다. 왜냐하면 계약이 깨지면 모든 것이 혼돈이고 죽음이기 때문이었겠지요. 그러나-진정 그런지 아닌지는 모르겠으나-예수님은 혈연이시기에 기꺼이 계약 관계의 회복을 위해 버리실 수 있으셨지 않나 생각해 봅니다. 예수님의 겟세마네 동산에서의 그 마지막 절규는 아마도 아버지 하나님과의 분리, 거절 불안이 아니셨을까요? 하나님과 예수님의 관계 속에서 혈연과 계약 관계의 우선순위가 어디여야 하는지 그분은 몸소 보여 주셨습니다.

부부는 혈연보다 우선하는 계약 관계입니다. 자녀는 혈연으로 맺을 수도 있고, 사회적 관계(입양/재혼 등)로도 맺을 수 있습니다. 그런데 우리는 생물학적 종의 기원과 같은 가설에 우리의 머리와 가슴을 넘겨줬습니다. 그래서 일까요? 우리는 '가족'이라고 하면 혈연

지상주의에 빠져 있지는 않은지요? 아이를 위해서는 부부란 계약을 서슴없이 파기하거나 흠집을 내는 불충하고 무책임한 청지기이지는 않나 생각해볼 일입니다. 하나님이 만드신 계약 공동체가 세상 학문과 정치적 수사에 밀려 혈연을 강조하게 되고, 혈연을 통해 사유와 소유를 지키려 하며, 심지어 인종차별의 근간을 만들어 놓기도 했지요. 그 결과 우리는 계약관계의 소중함과 엄중함을 가볍게 취급한 경향은 없었는지 생각해볼 일입니다. 우리의 가정 역시 마찬가지입니다. 물론 의식적으로 그렇게 하지 않는다고 봅니다만 우리는 자녀를 잘 키우겠다고 부부가 갈라섭니다. 효도하겠다고 시부모/장인장모 편을 가릅니다. 계약 공동체가 파기될 때 인간은 혼돈의 세계를 맞이하게 됩니다.

계약 공동체의 기초인 부부는 행복happiness을 추구하는 존재가 아니라 이미 하나님의 축복blessing을 받은 축복된 존재입니다. 그러므로 사역은 행복추구에 있지 않고 축복된 자의 의무이자 권리 행사입니다. 아주 의미가 깊은데 어느 강연에서 우연찮게 들은 말입니다만 어디서 들었는지 기억이 나지 않아 출처를 밝히지 못하고 여기에 소개합니다. happiness의 어원이 happen에서 왔다고 합니다. 반면 blessing의 어원은 bleed라고 합니다. 철자를 보면 그럴 듯한 것 같습니다. 행복은 우연한 발생이 있을 때 가능한 것이고, 축복은 피를 흘리는 대가가 있어야 한다는 것입니다. 이것이 부부 사역의 비밀이요 신비라고 생각합니다. 부부는 행복을 추구하기 위해 서로를 돕는 것이 아니라 축복된 관계로서 서로를 위해 피를 흘리는 계약을 맺은 공동체입니다. 마치 창조주 하나님께서 축복하신 당신의 피조물을 위해 피를 흘리신 것처럼. 창조주 하나님께서는 행복을 위해 우리와 계약하신 것도 아니고, 행복을 추구하도록 아담과 하와에게 사역을 부탁하신 것도 아니지요. 축복하셨기에, 축복하시기에 서로를 위해 존귀하고 고귀한 피를 흘리신 것은 아닐까요?

이것이 하나님 공동체의 신비이지 않을까요? 신비는 기대함으로 기다리고 경험되어야 하는 것들입니다. 이 책 초기에 언급했지만 이야기치료는 과학적 세계관과 또 다른 인생관으로서 인생을 신비로 봅니다. 과학적이고 계획적이며 예측 가능한 삶으로 엮어가는 것이 아니라 내일이 어찌 될지는 모르지만 미지의 신비, 열린 개연성으로 짜여지는 신비로 이야기치료를 생각합니다. 이 신비로움이 축복관계에서도 그대로 적용됩니다. 세상 방법은 자신을 채워가기 위해 자신의 것 위주로 계획하고, 협상에 우선순위를 둘 때 채워집니다. 그러나 주님의 축복을 받은 계약 관계는 서로 축복된 존재일 때, 즉 서로를 채워 주려할 때만 자신의 것이 채워지는 신비한 구조입니다. 채워주지 않으면 채워지지 않는 이상한 구조. 채워주면 채워지는 신비한 공동체 그것이 주님의 축복을 받은 공동체라고 생각합니다.

7

보아스와 룻

● 룻기 ●

불안의 또다른 생산 공장 중 하나는 경제적인 고통임을 일반인이라면 누구나 부정할 수 없을 겁니다. 보아스와 룻의 이야기 속에서 우리는 또 다른 불안에 대해 논의할 수 있고 이 두 사람은 어떤 방식으로 이 불안한 상황을 풀어 갔는지 배울 수 있을 것 같습니다. 이 이야기 속에 한 주체로 등장하는 룻은 기근이라는 불가항력의 상황에 직면해 있습니다. 인간 누구나 기근은 피할 수 없는 것처럼. 누군가는 영적 기근을, 누군가는 경제적으로, 어떤 사람은 관계적, 육체적 건강의 기근을 만나지요. 그 기근을 풀어간 이야기가 보아스와 룻의 이야기라고 봅니다. 또한 이 두 사람의 이야기를 들여다보면 가족 구조가 문제 되는 것도 아님을 한 눈에 알 수 있습니다. 그보다 더 중요한 것은 부부가 행복을 추구하는 관계가 아니라 축복된 관계임을, 사랑이 아니라 사역이 우선임을 조금만 뜯어보면 분명히 알 수 있습니다.

매번 말씀 드리지만 이야기치료에서는 보편적인 개념으로 사람이나 사건을 규정하지 않습니다. 그리고 그 해결책으로 보편적인 답은 없다는 것입니다. 다만 특수한 상황에서 실천되고 정리된 개념 즉 실천적 지식 혹은 생활과학이라고 할 수 있는 것을 귀담아 듣고 그것을 참고하는 것에 이야기치료는 초점이 있습니다. 그렇다고 학문적이거나 역사적으로 정리된 것을 함부로 부정하지도 않습니다. 다만 특수의 지혜가 우선한다는 것입니다. 그런 의미에서 보아스와 룻은 우리에게 귀한 가르침을 주는 듯합니다. 이야기치료를 하는 제가 이 가르침을 결론짓지 않고 열린 개연성을 두어야 하는 것이 이야기치료사의 자세입니다. 그러면서도 한편 이 특수한(보아스와 룻) 이야기에서 나온 실천적인 지혜를 보편 세상에 널리 퍼트리는spread the news 것이 이야기치료사인 저의 임무이기도 합니다.

기근을 피해 이민 간 나오미, 다시 그 기근을 못 이겨 역이민 온 나오미와 룻의 이야기로 이야기는 시작됩니다. 그리고 두 남녀의 만남이 시작됩니다. 다문화 부부의 원조, 열정과 정열과는 무관한 노인과 젊은 처자의 결혼, 게다가 재혼이었던 보아스와 룻의 결합이 우리에게 부부 사랑의 한 가지 모델을 제시한다고 저는 생각합니다. 요즘 유행하는 가족상담이란 이론으로 보면 보아스와 룻의 커플은 역기능 가정 더하기 역기능 가정입니다. 그 사회의 주류이며 부자인 나이 많은 남자(룻 2:1, 4:15)와 외국에서 온 젊은 과부(룻 1:22, 4:12)와의 결합이 보아스와 룻입니다. 더군다나 재혼의 의도가 이스라엘의 관례와 율법(레 25:25, 룻 4:3)에 따르는 결합이기도 하지만, 그런데 제가 보기에는 사랑이 아닌 경제적 필요에 의한 불순한(?)의도 같습니다(룻 2:18-23). 거기에 재혼하기 위해 시쳇말로 잔머리까지 굴립(?)니다(룻 3:1-5). 그리고 룻은 야밤을 틈타 나이 많은 보아스를 유혹하고, 보아스는 여기에 응합니다(룻 3:14). 젊은 여인 룻은 이 날 밤 과연 보아스를 사랑해서 이 남자에게 접근했을까요? 아니면 우리가 흔히 들었던 시어머니 나오미의 말에 순종했던 며느리 룻이었을까요?

제가 너무 편향된 쪽으로 이 두 사람의 결합을 묘사했나요? 앞뒤 정황 다 빼고 성경에서 제가 의도한 바만 빼서 말씀 드린 것으로만 보이시나요? 혹은 이제껏 아름다운 사랑 이야기로 듣고자 했고, 지고지순한 사랑으로 보존하고자 했던 우리의 마음이 다른 부분을 보지 못하게 했던 것은 아닐까요? 우리의 현주소인 다문화에 대한 차별적 생각. 나이 차이가 많은 커플이나 부자와 가난한 자의 결합 등과 같은 만남을 불편한 감정으로 보는 우리 사회의 영향은 아닐까요? 우리 사회가 자연스럽게 여기는 만남과는 거리가 먼 이야기가 보아스와 룻 이야기 아닐까요? 만약 내 가족, 내 자녀가 이런 경우를 만난다면 신앙적으로, 머리로는 받아들이면서도 실상으로는 도시락 싸들고 다니며 뜯어 말리고 싶은 관계가 아닐까요? 역기능 가정, 순기능 관계라는 가족상담의 개념들이 자연스럽게 떠올리게 하는 관계가 오늘 본문의 보아스와 룻의 만남 아닐까요?

'그럼에도 불구하고' 두 사람의 만남은 우리에게 사랑의 모델로 이야기되고 있습니다. 왜 그럴까요? 제가 보기에는 보아스의 배려가 참 멋졌습니다. 자신이 돕는 것을 생색내기는커녕 티내지 않고, 룻이 도움 받는 느낌이 들지 않도록 배려한 그 모습. 늙으신 시어머님 한분 보고 이주했던 한 젊은 여인, 그 여인에게 이스라엘 땅은 낯선 타지와 사람 그리고 낯선 문화만이 넘쳐납니다. 그렇지 않아도 홀로 된 외로움을 견뎌야 할 이 여인에게는 참혹한 현실일 수도 있지요. 그런데 설상가상 이주하자마자 먹고 사는 문제에 또 봉착해 있습니다. 팔 벗고 나서서 시 노모를 모시고 먹고살고자 나선 이삭줍기(룻 2:3~). 종들 앞에서 이삭을 줍는 자신이 얼마나 초라했을까요? 한 톨이라도 더 주워야 하는 그 현실. 그런 그 여인이 민망하지 않도록 배려한 보아스가 저는 멋있어 보입니다.

'배려'에는 속성이 다른 두 뿌리가 있습니다. 하나님의 속성인 긍휼이 그 한 뿌리이며, 다른 한 뿌리는 인간의 권력적인 속성에서 이루어지는 것입니다. 인간관계에는 위 아래가 있습니다. 나이로, 소유로, 직위로 위아래가 나뉩니다. 그러므로 어느 위치에서 하는 행위냐에 따라 배려가 되기도 하고, 당연히 해야 하는 의무가 되기도 합니다. 어른이 아랫사람에게 배려한다고 하지 아랫사람이 어른에게 배려했다고 하면 너무 이상하지 않습니까? 배려는 받는 당사자가 아니라 배려하는 자의 몫입니다. 배려하는 자의 귀한 마음이 자주 될 때, 아주 가끔은 '받음'이 당연시 되고 권리가 되어 가는 경우도 있습니다. 이럴 때 종종 우리는 화도 나고 속이 상합니다. 그러므로 배려란 하나님의 속성인 긍휼을 실천하는 행위여야만 배려다움이 된다고 생각합니다.

보아스와 룻의 이야기 속에서 배려의 또 다른 중요한 점은 배려는 시의적절함이 필요합니다. 적당한 '때'여야 합니다. 알아서 미리 해주는 것도 배려가 아니고, 필요한 때를 놓치고 손을 내미는 것도 배려가 배려답지 않습니다. 룻이 손을 내밀지도 않았습니다. 그렇다고 보아스가 먼저 나서서 챙겨주지도 않았습니다. 2:4의 분위기로 봐서는 보아스가 자기 밭에서 이삭을 줍는 모든 이에게 마음을 썼지 룻만 콕 집어 배려한 것이 아님을 알 수 있습니다. 그때까지만 해도 자신의 친족 나오미와 룻의 소식만 들어 알고 있지 룻의 얼굴을 모르고 있었지요(2:5). 양식이 필요할 때 기분 좋게 한 가마니 턱 하니 집어 주는 것이 아니라 하루 일용할 양식만큼만, 식사 때에 식사에 같이 합석시키는 정도만 배려한 보아스였습니다. 즉 시의적절한 때에 필요한 만큼만 적당한 선에서 배려한 것이 아닐까요? 칭찬도 때가 맞아야 칭찬답듯, 사과도 때를 놓치면 사과가 안 되듯, 배려는 시의적절한 때가 배려다움을 만든다고 생각합니다.

배려의 또 다른 모습은 수동적인 방어요 공격일 수도 있다는 것입니다. 소극적이지만 타인이 더 이상 접근하지 못하게 하는 다른 방법일 수도 있습니다. 예를 들면, 지금 독자께 제가 전철역까지만 태워달라고 부탁을 드렸습니다. 그런데 독자 분의 집이 저와 정 반대임에도 불구하고 굳이 저의 집까지 바래다주고, 게다가 아이들 간식거리도 챙겨서 저에게 줬습니다. 이런 과도한 배려를 받았는데도 제가 또 부탁을 드리면 저는 개념 없는 철면피이지요. 배려란 첫째 상대의 필요에 적절한 반응이어야 합니다. 그러므로 배려란 필요한 자에게 적절한 반응이어야 합니다. 과하면 부담이요, 부족하면 아니 한만 못한 과유불급과 일맥상통하는 것이 아닌가 합니다. 만약에 그날 먹을 한 줌의 이삭만 있으면 족할 룻에게 부자 늙은이가 나타나 쌀 한 가마니를 집으로 보내 줬다면 룻의 심정은 어떠했을까 궁금합니다.

이야기치료에서는 엄밀하게 말해서 배려란 이런 것이라는 답은 없습니다. 여기서 제가 배려에 대해 정리하는 것은 단지 저의 개인적 사견이고 보아스란 개인이 실천하고 보여준 행위를 제 나름대로 해석한 것입니다. 인간이 할 수 있는 배려란 위에서 말씀 드린 것처럼 두 얼굴을 가지고 있습니다. 이 두 얼굴의 배려에 대해 보아스와 룻의 이야기에서 '배려다움'을 가르쳐주는 대목이라 여깁니다. 배려란 그러므로 배려를 하는 자가 배려를 받는 자의 심정을 헤아려야 합니다. 배려를 받는 자는 지금 현재 부족한 사람이고, 급한 사람이기에 그 심기는 배려하는 자보다 예민할 수 있습니다. 그런 점에 있어 보아스의 세심한 배려가 돋보입니다. 보아스는 받는 자가 감정을 다치지 않도록 과정 과정에서 세심하게 배려했습니다.

배려를 베푼 시작은 보아스였고, 룻은 배려를 받은 자입니다. 그런데 정작 배려를 받은 룻은 보아스의 밭에서 이삭을 주울 때 보아스가 미리 마음 써 준 것을 눈치 채지 못했습니다. "그에게 책망하지 말며, …곡식다발에서 조금씩 뽑아 버려서 그에게 줍게 하고 …. 룻이 밭에서 저녁까지 줍고 그 주운 것을 떠니 보리가 한 에바쯤 되는지라"(15-17). 그림이 보이십니까? 룻이 눈치 채지 못하도록 일하는 종들이 실실 이삭을 떨궈주고 있는 모습, 그것도 모르고 룻은 신이 나서 줍는 모습. 멋지게 젊은 여인에게 자기의 행위를 드러내기는커녕 룻이 자기 손으로 애써서 충분하게 주운 것으로 생각하도록 배려하고 자신은 빠지는 보아스의 마음 씀. 마치 가나의 혼인 잔칫집의 예수님과 같지 않습니까?

보아스의 배려는 계속됩니다. 하루 종일 추수를 독려하던 보아스는 그날 밤 그 밭에서 잠을 자게 됩니다. 그런데 발밑에서 이상한 기운이 느껴집니다. 당황스럽게도 낮에 본 그 젊은 여인이 있습니다. 발밑에 누워 있던 룻과 그날 밤 어떤 일이 있었는지는 모르겠으나 룻이 새벽에 민망하지 않도록 마음을 써 주고 또 그날의 양식을 챙기는 것도 잊지 않았습니다. 이 부분이 어찌 보면 부끄러울 수도 있는 대목이지요. 아무튼 여기까지는 보아스가 룻을 한 여성으로 보지 않았던 듯합니다. 단지 친족의 의무를 다하려는 것 뿐, 다만 레위기 25:25에 나오는 율법을 지키려는 것 뿐. 아이러니 하게도 보아스와 룻이 사랑을 했다는 직접적인 언급은 없고 단지 둘 사이에 아이가 생겼다는 대목(4:13)과 나오미가 축하를 받습니다. 마치 가나 혼인 잔칫집의 주인이 칭송을 받고 잔칫집을 잔칫집답게 만든 예수님은 빠지신 이 모습은 그 주인을 향한 또 다른 배려로도 볼 수 있지 않겠습니까?

보아스와 룻, 이 이야기에는 사랑의 열정이니, 매력적인 것이라는 둥, 불타는 사랑이란 느낌은 눈 씻고 찾아보려고 해도 찾을 수 없습니다. 사랑을 위해 결혼한 것도 아니고, 사랑의 결실로 결혼한 것은 더더욱 아닌 걸로 보입니다. 다만 생존에 필요한 것에 대한 도움과 그 필요를 채우고 돕는 과정에서의 애틋하고 섬세한 배려의 과정이 있었습니다. 외형으로 보기에는 젊음과 늙음, 가진 자와 가난한 자와 같은 이분법적 구도로 보면 어느 한 쪽이 기우는 듯합니다. 조건으로 보면 역기능적일 수 있으나 두 사람 사이에는 '그럼에도 불구하고' 서로에 대한 배려와 예의를 다했다고 봅니다. 두 사람 서로 간의 배려와 예의가 사랑을 싹 틔웠을지도 모릅니다. 조건과 상관없이, 어떤 조건에도 불구하고 세심한 도움과 조건 없이 도움 받았고 그 도움을 감사할 줄 알았던 그 상황이 결혼이란 제도에 진입하게 되고 후세의 열매를 맺은 것은 아닐까 싶습니다.

서로의 필요를 돕다보면 사랑이 싹틉니다. 돕는 자로서 창조된 관계이자 인간의 가장 기초적인 시스템이 부부라고 봅니다. 가트만이란 부부상담학자의 논리를 여기에 소개하고 싶습니다. 왜냐하면 표현방식만 다를 뿐이지 실제 부부의 사랑과 그 사랑이 어떤 방식으로 엮어 가는지 논하고 있습니다. 이 분은 수학자여서 그런지 행복한 부부와 불행한 부부의 차이를 수치로 분석해냈습니다. 이런 수치적 연구를 통해 이혼을 예측할 수도 있고 행복한 부부의 행동양식을 훈련시킬 수 있다고 합니다. 또한 가장 대표적인 행복한 부부에게는 4:1의 비율이 적용된다고 하더군요. 특히 주목할 대목은 이런 비율

적용이 단단하고, 따뜻한 관계로 성장한다는 것입니다. 즉 행복한 부부는 사랑의 감정을 발전시키고 있는 것이 아니라 우정의 느낌으로 발전되어가고 있다는 것입니다. 정열적이고 열정이 넘치며 매력적인 것보다는 따뜻하고 석양 노을빛을 마주보며 캠퍼스에 앉아있는 두 남녀와 같은 그런 모습이라는 것입니다.

이 분의 통계에 의하면 결혼생활에 만족하고 행복해 하는 부부조차도 서로의 성격차이, 가치관의 차이, 흥미의 차이가 있고, 이 차이가 소소한 갈등의 주범이 된다는 것입니다. 이런 부부들도 부부싸움을 하고 자녀양육, 직업, 가사, 성생활, 친인척 등의 문제로 말다툼하기 일쑤라는 것이지요. 그러나 그들이 성공적이고 행복한 결혼생활을 유지하는 가장 큰 차이는 '노력과 관리'였습니다. '갈등을 쌓지 않으려 노력하는 것이 아니라 갈등 후 폭풍을 잘 관리함'에 있었습니다. 또한 '정서적 지능 지수'를 꼽고 있습니다. 서로 일상생활 속에서 이해와 배려, 상대의 단점보다는 장점들을 더 부각시키며 노력하는 부부들이었던 것입니다. 이들에게 일상 행동에서 나타나는 일정한 비율이 성립하더랍니다. 바로 4:1의 애정잔고통장입니다. 이 애정잔고통장 비율이 적용되는 부부의 특성을 보니 '행복한 부부는 깊은 우정관계를 유지하는 것이다.'라고 가트만은 결론 내립니다.

애정잔고통장과 4:1의 비율이란 건강하고 행복한 삶을 꾸려가는 부부는 일상생활 속에서 상대가 원하는 그 무엇을 조건 없이 차근차근 채워 준다는 것입니다. 그렇게 평상시에 쌓아 놓은 4가지 정도의 '상대의 필요를 채워주기'가 저금되어 있어야 한다는 겁니다. 그럴 때 배우자에게 꼭 필요한 한 가지를 요청하면 흔쾌히 들어 주더라는 것입니다. 애정잔고통장의 중요성은 수치에 있지 않음을 여러분도 아실 겁니다. 이 관찰에서 우리가 피할 수 없는 부부사랑의 답 한 가지는 사소한 것이던, 엄청난 것이던 '필요'이고, 그 필요를 서로 채워줌으로 정서적으로 발전한다는 것입니다. 이 필요의 중요한 하나가 의사소통입니다. 대부분의 가족치료 상담학자들이 의사소통의 중요성을 강조하고 나름의 방법을 제시했듯이 가트만 역시 부부간의 의사소통을 중요하게 다루고 있습니다.

여러분! 부부라고 할 때 그 부부의 가장 중요한 핵심은 무엇이라고 생각하십니까? 배려, 사랑, 희생, 이해 등등? 이런 것은 친구 사이에도 가능하고 불륜관계에서도 찾을 수 있는 것이지요. 또한 이런 것들은 인간 공동체 어디에서나 나타나야 할 덕목이자, 부부가 실천해야 할 생활이지 부부만의 문제가 아닙니다. 단 한가지입니다. 부부라고 할 수 있는 것은 법적인 관계, 법으로 보호를 받느냐 못 받느냐의 문제입니다. 다른 말로 하면 '계약' 관계라는 것이지요. 앞에서도 비슷하게 언급한 것이지만, 하나님과 우리의 관계처럼 부부는 계약으로 맺어진 공동체이고 계약이 확립되었을 때만 부부라고 인정받지요. '계약'에 방점이 있습니다. 인간은 땅에 충만하고 번성하는 축복을 받고, 약속을 받은 피조물입니다. 즉 성경적 부부상은 계약과 축복이란 두 기둥으로 이루어 졌다고 봅니다.

부부는 행복 추구가 아닌 서로 축복된 관계로서 계약에 충실해야 합니다. '인간 공동체'의 기초인 부부에게는 최소 가장 기본적인 필요가 세 가지가 있습니다. 가장 중요한 것은 생존적인 것이고, 그와 더불어 정서적 필요를 채우는 것이며, 마지막으로 어느 관계에서도 찾을 수 없는 성생활의 배타적인 권리이자 필요이지요. 이 세 가지를 다음과 같은 명제에 대입해 보십시오. "부부는 사랑 없이도 충분히 행복할 수 있다!" "부부는 경제적/정서적/성적 필요가 채워짐 없이 충분히 행복할 수 있다?" 동의하십니까? 여기에 하나 더 하자면 그건 바로 영적 필요입니다. 인간은 영적 공허함이 밀려올 때 그 어떤 조건과 환경을 획득했을지라도 그 허함을 견디기 어렵다는 것을 우리 신앙인은 경험합니다.

이 세 가지를 하나씩 짚어 보겠습니다. 첫째로 생존적 필요입니다. 생존을 위해선 위험에 대한 방어, 공간에 대한 안전함 등 여러 가지가 있겠지만 그 중 생존의 가장 기초적인 것이 경제적인 필요지요. 부부상담 중 굉장히 많은 비중을 차지하는 것이 경제적인 문제입니다. 그러나 직접적인 경제적 문제로 갈등하기 보다는 과소비, 친가나 시댁 돕기, 카드 문제, 비상금 등으로 문제가 다른 방식으로 나타납니다. 경제적인 문제에서 반드시 짚고 넘어가야 할 것은 가정의 권력관계입니다. 대부분의 가정에서 경제권을 가진 사람이 권력을 부립니다. 신앙인일지라도 부부는 예수 그리스도 안에서 한 형제란 계약적이고 평등적 구조보다는 경제 주도권에 의해 차별적 관계가 유지되고 있더군요. 성경적 부부관에서는 다시 생각해볼 대목입니다.

두 번째로 정서적 필요입니다. 생각해 보십시오. 아무리 경제적인 어려움이 없을지라도 정서적으로 채워지지 않으면 살 맛이 나겠습니까? 경제적인 것과 정서적인 것 어느 하나 부부에게서 떼려야 뗄 수 없는 기본적인 필요지요. 오죽하면 "이는 내 뼈 중의 뼈요 살 중의 살이라"(창 2:23)했겠습니까? 정서적인 것 중 가장 기본적인 것이 말conversation입니다. 말은 인류가 받은 가장 귀한 선물이자 인간의 한계를 실감할 수밖에 없는 것입니다. 우리가 말을 할 때는 내용과 느낌을 같이 전달합니다. 그러나 우리의 언어 습관을 보면 내용과 느낌이 다른 경우가 많고, 날아오는 내용에 내용으로 반응하는 경우가 자주 있습니다. 그러면 말꼬리를 물고 늘어지게 되고 논리 싸움이 되는 경우가 종종 있습니다. 내용과 느낌이 다른 말의 습관은 참으로 많습니다.

예를 들어, 흔히 돌아다니는 우스갯소리입니다만, 어느 아빠와 7살 아들이 목욕탕을 갔습니다. 아빠가 탕에 들어가면서 "어~ 시원하다" 했더니 아들이 풍덩 뛰어 들다가 뜨거워 펄쩍 뛰면서 "어이 정말 세상에 믿을 사람 하나도 없다"라고 했다지요. 아빠의 내용은 '시원'이지만 느낌은 뭡니까? '개운', '좋다'는 느낌이 아니겠습니까? 그런데 아들 녀석은 느낌을 듣지 않고 내용을 들은 것이지요. 엄마가 중 3 딸에게 너무 화가 나서 "너 그러려면 나가!" 라고 했더니 아이가 주섬주섬 짐을 싸서 나갑니다. 그러면 엄마는 곧 하는 말이 "이 노무 가시네…나가라고 진짜 나가! 나 못 살아!" 그러면 아이는 그러죠 "나가랄 때는 언제고?" 서로 내용을 듣고 내용에 답하고 있는 경우이지요. 느낌을 들었다면 "아빠 김이 모락모락 나는데 안 뜨거워?" "알았어 엄마 내가 잘 할게" 이렇게 서로 내용에 내용을 답한 것이 아니라 내용은 다르나 느낌에 답을 할때 소통이 되곤 하지요. 왜냐하면 우리 부부의 삶이란 정치판에서 흔히 벌어지는 타협이나 경영일선에 나타나는 협상이 아니니까요.

마지막으로 부부에게만 있는 특별한 필요의 채움은 성sex적인 것입니다. 상담현장에서 제가 경험한 많은 부부들 중 성생활로 인해 힘들어하고 허전해 하는 것을 많이 봅니다. 위의 모든 것이 채워지지만 부부의 성에 어려움을 겪을 때 밀려오는 공허함을 호소하는 경우, 아무리 돈을 잘 벌고 서로 대화에 문제가 없음에도 불구하고 일방적인 한쪽만의 성적 채움이 얼마나 배우자의 마음을 닫히게 하는지 저는 많이 보았습니다. 반면 서로의 성적 채움을 위해 서로 노력하는 과정에서 정서적 배려와 경제적 필요에 대한 노력들이 같이 이루어져 가는 사례를 종종 봅니다.

성생활은 자연발생적인 것이 아닙니다. 이 논리는 단순히 생물학에 기초한 이데올로기이고, 특정한 부분만 들어내어 자신들의 이론을 뒷받침하기 위해 사용되고 선택된 것일 뿐입니다. 성생활이란 생물학적인 것 이전에 배움에 기초한 문화적 영향이 큽니다. 물론 피조물이면 어느 것이라도 본질적인 '성 그 자체'는 존재하고 필수불가결한 것이지만, '성생활'은 문화적인 배움이요, 성 담론에 기인한 인간 행위입니다. 그런 의미에서 성생활의 가장 기본적인 것은 성적 매력이 아닙니다. 스킨십도 기교도 횟수도 아닙니다. 물론 기교나 스킨십, 정서적 분위기 등이 필요 없다는 것이 아닙니다. 남녀가 추구하는 성생활의 다름도 아니고 인간이면 어쩔 수 없는 욕구 해소도 아닙니다. 성생활은 '성'의 욕구가 기본이 아니라 '소리'입니다. 소리가 정서를 이끌어가고 언어에 소리를 입히면 느낌이 일어납니다. 여러분의 성생활도 가만히 들여다보십시오. 소리 없는 섹스, 배우자의 호흡소리 없는 스킨십, 언어적 찬사 없는 사랑 나눔에 만족하실 수 있는지요? 물론 기계적인 섹스는 가능할지 모르겠습니다만 부부의 성생활은 아니지요. 소리가 성감대를 자극하지 스킨십이 아닙니다. 부부의 성생활을 극대화하는 것은 소리입니다.

마지막으로 부부는 아니 성경적인 부부는 행복을 추구하는 존재가 아니라 축복 받은 존재입니다. 성경 어디를 뒤져봐도 부부의 의무에 대해, 부부 간의 자세와 존중에 대해서도 나오고 심지어 이혼 문제도 언급이 되고 있습니다만 행복이 필두가 되는 구절은 없는 듯합니다. 물론 작위적으로 해석하면 끼워 맞출 수도 있겠지요. 그러나 실상 행복이란 것이 부부가 추구해야 할 그리 큰 가치나 의미는 아닌 듯합니다. 왜냐하면 부부는 이미 축복받은 존재이기에 뭔가를 추구하고 찾아가는 삶이 아니라 이미 축복된 존재로서 존재 자체가 '복'이지요. '추구'한다함은 매순간 일상에서 '뭔가'를 찾는 것이지만 존재 자체의 삶은 실천과 실행만 남은 것입니다. 성경적 부부관은 찾아가는 추구가 아닌 실천해 가는 과업이라고 생각합니다. 인생 매순간 매일 행복을 찾아, 행복하려고 뛰어다닌다고 생각해 보십시오? 저 같으면 피곤할 것 같습니다. 성경은 부부를 이미 '축복'했습니다. 시간적으로 추구해야하는 미래가 아니라 이미 결론 내려진 과거로서 그렇게 살아야 하는 실천과제입니다. 부부는 이미 축복받은 존재이고 남은 것은 축복받은 자의 실천과제만 남은 것이지요.

이것이 성경적 부부의 신비입니다. 내 것을 채우려 하면 갈증과 기근이 싹트고, 상대를 채워주기 위해 피를 흘리는 댓가를 치르게 되면 나 역시 채워지는 신비. 세상 계산기로는 계산할 수 없는 이상한 계산법이지요.

우리 가족 구성원을 온전케 하고, 충만케 하려면 상대를 먼저 채움이 중요합니다. 그럴 때 내것이 채워짐을 경험합니다. 이것이 부부의 신비입니다. 축복받은 자의 이상한 계산법입니다. 집단 상담을 하다보면 이런 경험을 쉽게 할 수 있습니다. 아프고 쓰린 상처들이 모인 곳, 누구 하나 누군가를 위로할 처지가 아닌 사람들이 모인 곳이 집단상담입니다. 그런데 서로의 이야기를 듣고 공감하며, 울고 웃어 주다보면 자신도 모르게 그 속에서 치유되고 있음을 경험합니다. 세상 사람들은 기근과 가뭄 때문에 굶어 죽지 않습니다. 함께 하는 자가 없기 때문에 굶어 죽더군요. 어제의 사건 때문에, 지금 이 순간이 고통스러워서 자살하지 않습니다. 함께 해줄 사람이 없어서 어둠을 벗어나지 못한다고 저는 믿습니다. 나의 어둠을 걷어 내기 위해 너의 어둠을 벗겨 줘야 하더군요. 행복을 추구하는 부부는 불안과 갈등이 올라오고, 축복받은 자의 삶의 자세는 치유와 '우리'를 이루더군요. 그러므로 성경적 부부의 가장 중요한 필요는 영적 채움이 아닐까 합니다.

8

마리아와 마르다 이야기

● 누가복음 10:38-42 ●

만약 제가 지금 목회를 한다면 마르다와 마리아 중 누구를 더 좋아할까 생각해 보았습니다. 아마도 결정하지 못할 것 같습니다. 왜냐하면 열심히 일하는 마르다, 그러나 성정이 거칠고 교회에 분란덩어리 마르다. 차분하고 온순한 마리아, 그러나 교회 행사가 있을 때나 몸으로 봉사할 일이 있을 때는 가만히 앉아서 대접만 받는 마리아. 만약 제가 시어머니이고 이들이 며느리라면? 이유 없는 행동이 어디 있겠습니까? 그런데 저는 지금 충분치 않은 이야기 속에서 이 두 여인의 행위에 옳고 그름, 혹은 잘하고, 못하고, 잘잘못을 따지려는 것이 아닙니다. 그리고 마르다는 예수님께 지적을 받고, 마리아는 칭찬을 받고 있는 듯 이 사건을 보고 있었습니다. 그래서 일까요? 솔직하게 말해서 저는 이제껏 큰 고민이나 의심 없이 마르다 보다 마리아를 더 선호하는 경향이 있었던 듯합니다. 그런데도 우리 교회에는 이 두 부류 모두 필요하다고 설교를 했습니다. 전통적 해석을 따르면서 마리아 손을 들어 줬고, 실제 저의 목회 현장에서는 부엌 살림꾼이 필요했던 것이지요.

이야기치료사가 지녀야 할 중요한 자세 중 하나인 '당연한 것을 낯설게 여기는' 즉, 어떤 사건이나 상황에 대해 기존의 틀을 벗고 다른 방향에서 보려고 노력하는 것과 이야기a narrative가 이야기a narrative를 만나게 함으로 새로운 이야기를 도모해보는 것입니다. 그래서 지금 저는 이 두 여인의 이야기가 풍부하지 못함에도 불구하고 나름의 여러 질문을 하면서 이야기를 확장해보려고 합니다. 이 책의 큰 화두인 불안과 갈등의 또 다른 면을 보고 싶은 겁니다. 또한 보아스와 룻의 이야기를 통해 부부의 사랑이야기를 했으니 그 연장선상으로 이 장을 써보고 싶습니다. 만약 이 이야기를 부부의 삶에 적용한다면 어떤 것을 말해줄까하는 기대감도 있습니다.

예수님과 이 자매가 오랜 친분이나 서로 아는 사이인지는 모르겠지만 분명한 것은 이 두 자매는 예수님의 명성을 듣고 있었고 이 날 예수님을 집으로 초대한 것 같습니다(38절). 마치 늦었지만 예수님을 초대했던 가나 혼인 잔칫집 주인처럼 말이지요(눅 2장). 누가 먼저 초대하자고 제안했는지는 모르지만 두 여인 모두 예수님을 갈망했던 것은 분명한 것 같습니다. 마르다는 그 귀한 분을 대접하고자 분주한 걸 보면 예수님에 대한 그 마음이 느껴지고, 예수님 발밑에서 턱 괴고 앉아 가뭄에 물댄 듯이 예수님 말씀에 귀 기울이고 있는 그 모습도 예수님에 대한 마리아의 마음이 오롯하게 엿보입니다. 이 시점에서 이 자매의 마음이 아주 중요한 이유가 있습니다. 당시 예수님은 대중적인 인사였으나 모두에게 환영받는 인사는 아닌 듯합니다. 많은 기사와 이적을 일으키셨음에도 불구하고 사이비로 의심받던 상황. 사마리아 마을에서조차 환영받지 못했던 인사(9:51). 기득권층에는 가시 같은 존재(6장). 그럼에도 불구하고 이 자매는 예수님을 흠모하고 집으로 과감히 초대했습니다.

그런 자매에게, 특히 뭐라도 잡수시게 하려고 분주했던 언니 마르다의 행위를 타박받아 마땅하다고 생각하십니까? 그렇다고 예수님의 사안의 긴박성, 즉 곧 십자가를 받아들이시고 얼마 남지 않은 이 땅의 사역을 자매들이 알고 있었을까요? 더욱이 늘 함께하고 열심히 배웠고, 변화산 사건을 경험했던 제자들조차도 예수님의 최후를 이해하지 못했는데 이 자매가 예수님의 마지막 시간에 걸맞은 행동을 할 수 있었을까요? 저는 그런 예수님이 아니라 생각합니다. 그런데도 왜 저는 마르다는 잘못된 행동으로 지적받고, 마리아는 기특한 행동을 한 것이라고 칭찬받았을까요? 앞에서도 말씀 드렸듯이 남들에게 들었던 내용을 당연하게만 받고 단 한번도 의구심을 가지고 이 본문을 읽지 않은 것입니다. 게다가 저는 이 이야기를 옳고 그름, 맞고 틀림, 잘못한 것과 잘한 것의 구도로 보려고 했던 것입니다. 더불어서 저의 삶과 밀접하게 적용시키지 않고 저의 직업적 필요에 따라 이 본문을 이해한 것입니다.

이런 본문 이해는 필부인 저로서는 인간이라면 당연한 결과이고 상식적 행위라고 생각합니다. 다만 아쉬움이 있다면 성경 이야기와 사건을 좀 더 폭넓고 다양한 접근을 하지 못하는 우를 범하고 있는 것입니다. 우리는 너무 오랫동안 모든 사건을 옳고 그름의 구도로만 보려는 경향이 있었던 건 아닌가 생각해 봅니다. 인간이란 기존의 것을 의구심 없이 쉽게 받아들이는 경향이 있고, 혹시 다른 구도로 보려는 시도를 하면 그때부터 아웃사이더가 됩니다. 심지어 교회 내에서는 염소 소리를 들을 수도 있지요. 기존 것을 받아들이면 일반적, 보편적인 사람이 되는 것이고 기존 것과 동떨어지거나 혹은 맞서게 되면 이상한, 똘기, 엉뚱하다는 짐을 져야 하는 것이 우리의 문화입니다. 이것을 당연함의 학대라고도 말하지요. 그래서 이야기치료에서는 가능한 맞고 틀림의 구도가 아닌 사건의 여러 정황에 대한 묘사와 맥락을 고민해보고자 시도합니다. 그리고 '당연한 것을 낯설게 여기고' 다른 관점 다른 방향에서 새로운 것을 보려는 훈련을 합니다. 본문의 마르다와 마리아의 이야기도 마찬가지입니다. 이들의 이야기에서 누구의 잘잘못을 따지려하면 자꾸 이야기가 꼬입니다. 마치 부부가 논리를 앞세워 잘잘못을 따질 때 서로의 감정만 상하는 것과 같습니다.

본문의 이야기 속에서 저는 누구의 행위에 대한 잘잘못보다 마르다의 '불안'에 초점을 맞춰서 이 이야기를 풀어볼까 합니다. 왜 마르다는 자기가 하던 일을 멈추고 저렇게 말했을까요? 혹시 질투심이었을까요? 제가 좀 짓궂은 생각인지는 모르겠습니다만, 제가 보기에도 예수님 발치에 앉아서 꼼짝도 않는 마리아가 얄밉게 보이는데 마르다에게는 얼마나 밉상이었을까요? 아니 어쩌면 이 자매들은 그리 썩 우애가 있는 것 같지 않기도 합니다. 그렇다면 질투일 수도 있겠습니다. 또 한 가지 궁금한 것은, 피곤하셨을 지도 모르고, 여기저기에서 거절당하시면서 심적 상처를 받으셨을 지도 모를 예수님을 초대하였을 때 그 예쁜 마음은 어디가고 저렇게 동생에게 저런 말을 했을까요? 혹시 동생 마리아와 의논하지 않고 일방적으로 예수님을 집으로 모신 걸까요? 혹시 그렇다면 역시 동생과 좋은 관계는 아닌 듯합니다. 아니면 힘들어서 그랬을까요? 예수님을 얼마나 많이 대접하려고 마르다는 그리 준비하는 것이 많았을까요? 혹시 예수님께서 제자들과 떼로 몰려 오셨을까? 이런 궁금증이 제 머리에서 맴맴 돕니다.

아무튼 제가 어떤 궁금증을 가졌던 간에 이 이야기에는 두 가지 기둥이 있습니다. 하나는 당연히 준비(봉사) 하는 '일'입니다. 그리고 다른 하나는 예수님과 동생, 즉 '관계'입니다. 그 관계가 부부이든, 형제 자매이든, 직장 동료이든, '일'과 관계가 있든 없든 간에 인간이라면 원하든 원치 않든 당연히 존재하는 '인간관계'입니다. 저는 이렇게 생각합니다. 태초에 하나님께서 아담과 하와를 만드시는 순간부터 '일'과 '관계'의 두 축으로 인생을 꾸리도록 하셨다고 믿습니다. '일'이 틀어지면 관계가 무너지고, 관계가 반석이면 일이 진행되는 것이 하나님의 작품인 듯합니다. 하나님과 인간관계에서도 '일'이 있습니다. 하나님 편에서 보면 약속과 성취이고, 우리에게는 소명이라고 합니다. 그 약속과 소명은 하나님을 위함이 아닌 바로 그분의 자녀를 위함이지요. 우리에게 나타나는 불안의 또 다른 발원지는 바로 이 '일'과 '인간관계'라고 생각합니다. 마르다와 마리아의 사건에서도 바로 이 두 기둥에서 시작된 듯합니다.

마르다는 일을 했습니다. 그것도 아주 예쁜 마음이 동기였습니다. 그것뿐이 아닙니다. 예수님을 집까지 초대했을 때는 굉장한 용기가 필요하거나 혹은 왕따를 당할 각오를 해야 했을지도 모릅니다. 기득권층에게 미움을 받고, 하찮은 사마리아 지역에서조차 거절을 당하신 예수님을 버젓이 집으로 초대를 한다는 것이 쉽지 않았을 것입니다. 그럼에도 불구하고 두 자매는 예수님을 초대했습니다. 그리고 마르다는 열심히 대접할 준비를 하고, 마리아는 예수님 발치에 쪼르르 달려가서 턱 괴고 앉아 있습니다. 다른 사람 눈치가 보이거나 자매간에 불화가 있으면 이런 행동이 나올 수 없다고 봅니다. 이런 면에서 보면 두 자매는 상당히 단단한 자기정체성을 가지고 있다고 봐야 할 것입니다. 또한 자매끼리 서로를 질투하거나 불화한 사이는 아닌 듯합니다. 그럼에도 불구하고 마르다가 마리아에게 이런 행위를 한 것은 아마도 '일'과 자기 자신과의 괴리에서 온 마음의 불안인 듯합니다.

의외로 많은 사람들이 자신의 일을 타인과 비교하지요. 자신의 일 자체에서 뿌듯함을 느끼고 자기 자신을 찾거나 자신을 평가하지 않고 타인의 그 무엇과 비교가 될 때 다른 감정이 올라옵니다. 그 타인이 사랑하는 사람이든, 경쟁관계이든, 누가 되었든 상관없이 말이지요. 그런데 사실은 엄밀히 말하면 타인, 즉 사람과 비교한 것도 아닙니다. 타인이 이룬 그것과의 비교이고, 그 비교는 세상에서 말하는 의미나 가치와의 갈등인 거죠. 즉 일과 다른 일과의 갈등 관계이고, 그 갈등은 일 그 자체가 아니라 일에 부여되어 있는 의미나 가치와의 갈등이지요. 더 큰 문제는 그 의미나 가치가 나 자신의 주체적인 판단이나 태초부터 부여하신 주님의 관점이 아니라 사회문화가 부여해놓은 것일 뿐임에도 불구하고 우리는 그것을 잣대로 여기고 사는 거죠. 즉 금이 가치가 있어서 금이 아니라 세상이 금을 가치 있게 여기니 우리가 가치 있게 모시는 것이지요. 그런데 그 잣대가 유구한 역사를 가지고 이어졌고, 그것도 그 당대의 주류 그룹들, 즉 지대한 영향력을 가지고 있던 사람들의 생각이었기 때문에 쉽게 무너지지도 않고, 무시하기도 어려운 것이지요.

이런 잣대가 우리 사회와 우리 삶에 깊숙하고 광범위하게 드리워져 있습니다. 심지어 우리가 성경을 보는 관점까지도 강하게 영향을 미치고 있지요. 이로 인해 우리는 두 가지를 놓치거나 자유롭지 못한 경향을 보입니다. 첫째는 자기 주체성의 결여입니다. 그 결과 어떤 상황이나 조건 하에서 자신의 내면의 소리, 성령님의 감화 감동대로 움직여지지 않고 사회문화의 덫에 의해 움직이는 거죠. 성령님이 우리 자신을 운전하시는 것이 아니라 우리 안에 들어온 여러 운전자가 여러 교통 신호체계에 맞춰 우리를 운전하는 거죠. 그 결과 우리 자신이 어디로 가는지 조차 모르고 몸을 맡기고 사는 거죠. 용서도 사랑도 울고 웃는 것도 자신만의 주체적 결단이 아니라 사회문화 잣대에 의해 움직여지고 있는 거죠. 두 번째, 주체성이 결여되다 보니 자신의 일, 자신의 손이 수고한 그 열매들과 자신이 분리되어 살게 되지요. 자신의 일과 분리는 곧 자신과 자신의 분리입니다. 정신 분열이 다른 것이 아닙니다. 이것이 정신 분열입니다. 다시 말하자면 자신이 손수 가꾸고 있는 것, 이룬 것 등을 충분히 즐기고, 의미를 부여하고 가치를 인정하는데 익숙하지 않습니다.

마르다의 지금 행위도 이와 크게 다르지 않다고 생각합니다. 동생 마리아와의 우애 문제로 이해하기에는 예수님을 초대한 두 자매의 행동을 설명하기에는 조금 아쉽습니다. 그보다 마르다는 자신이 초대한 예수님을 접대한다는 일에 자긍심이 없었던 게지요. 그러다 보니 어떤 일을 해도 동생의 행위와 비교하거나, 과정에서 즐기기보다는 동생에 대한 타인의 시선에 초점을 맞추고 있는 거지요. 즉 일에 대한 결과나 일어나고 있는 현상에서 불안을 느끼거나, 아니면 관계의 문제로 치부해 버리는 경향을 나타내는 경우이지요. 이런 경우 두 가지 추측이 가능할 것 같습니다. 하나는 과거 자신이 해왔던 일에서 '사소하나마 성공'한 경험이 약한 것입니다. 살아있는 사람이라면 작은 성공들이 없는 경우는 없습니다. 누구나 끊임없는 작은 성공으로 인해 여기까지 온 것이거든요. 그런데도 왜 자신의 작은 성공을 사소하게 여기는 걸까요? 말 그대로 '사소'해서 그러지 않을까요? 그리고 자신이 한 일이기에 너무 익숙해 있는 것이고 자신에게는 '일상'인 것이지요. 다윗은 자기의 일상인 양 떼 지킴을 가볍게 여기지 않고, 엘리야는 주먹만한 작은 먹구름을 만만하게 보지 않았습니다. 반면 마르다는 자기가 하는 일에서 자기와 분리되어 있습니다. 그러다 보니 자기가 하는 일에 늘 불안하고 불만이 있고 자기만 힘들게 일하는 것 같고 그러는 것 아닐까 싶습니다. 손은 움직이나 성령의 감동은 없는 거죠.

자신의 일에 자신이 분리되거나 타인과의 관계에서 종종 힘들어 하는 경우를 보면 대부분 정체성과 밀접한 연관이 있지요. 그래서 저희 같이 상담 현장에 있는 사람들은 상담은 결국 정체성 문제로 귀결된다고 생각합니다. 자신의 사소한 열매들을 즐기고 감사할 수 있는 힘은 다른데 있지 않고 정체성에 있다고 확신합니다. 마치 다윗처럼, 다윗의 물맷돌은 골리앗의 칼과 방패에 비해서는 하찮고 사소하지만 양을 치던 그 작은 일을 충분히 자기 것으로 만들었습니다. 성경의 많은 이야기에는 환경과 조건이 아니라 정체성이 해결점임을 증언하고 있습니다. 주님은 우리에게 왕 같은 제사장이요 택한 족속(벧전 2:9)으로, 양자의 영(롬 8:18)을 받은 자로, 내(하나님)가 너를 낳았노라 하시는 주님의 아들(시 2:7)로, 하나님보다 조금 못하게 지음 받은(시 8:5) 큰 자로 살기를 바라고 계시지요. 즉 정체성을 분명히 하라는 말씀입니다.

우리의 정체성은 MBTI란 성격유형 검사지로 찾을 필요가 없습니다. 애니어그램이라는 저 중동 수피들의 영성 수련 대목 중 하나인 9가지 성격으로 분류할 이유도 없습니다. 더군다나 전혀 근거가 없는 혈액형에 매여 있는 것도 아닙니다. 단 한 가지 우리는 '하나님의 자녀요 그분의 약속을 받은 자'입니다. 즉 하나님이 규정될 수 없듯이 우리 역시 그분의 속성을 닮아 나를 규정하기 위해 굳이 찾아 나설 필요가 없습니다. 다만 그저 끊임없이 그 자체를 살고 새로운 나를 만날 뿐입니다. 오늘은 오늘의 나를 살고, 내일은 또 다른 나를 만나게 됩니다. 그것이 성경적 정체성이라고 저는 확신합니다. '내가 보는 나도 나고 네가 보는 나도 나고 하나님이 보시는 나도 나'라고 생각합니다. 그런데 세상 학문은 우리를 몇 가지 질문지로 우리의 정체성을 규정하려하고 본질적인 자아가 있다는 식으로 말하고 있습니다.

정체성이란 자신의 환경이나 다른 사람, 다른 나라의 같은 나 이외의 것과 구분 되어주는 경계선Boundary입니다. 다시 말하면 차별성이지요. 즉 누군가 혹은 무엇과 상호작용할 때마다 그것들과 경계를 구분해 주거나 나와 타자와 생겨날 수 있는 차별성이지요. 이 경계와 차별을 만드는 것은 80~90% 비슷비슷한 행동, 생각, 생활 패턴에서 이루어지는 것이 아닙니다. 생각해 보십시오. 전 세계 육십억 인구가 지문 하나로 다 구분 될 수 있다는 것, 다 가지고 있는 눈인데, 그 눈동자 하나로 육십억 인구를 다 구별할 수 있다는 것을 우리는 염두에 둬야 합니다. 즉 아주 작은 것으로 차별성은 만들어진다는 것입니다. 그 작은 것은 개개인의 삶의 구석구석에 존재하고 있습니다. 그것이 하나님의 창조 작품입니다. 인간의 정체성은 주어진 것도, 어떤 외부적 요소로 결정되는 것도 아닙니다. 또한 지속적으로 유지되거나 유지되어야 할 것도 아닙니다. 마치 하나님의 속성이 그러하듯이. 물론 저 역시 분명히 '본질적 자기'가 있다고 생각합니다. 단 조건은 성경에 기초해서 말이지요. 그것은 하나님의 속성! 이것 하나입니다. 그러므로 우리의 정체성은 태초에 혹은 환경의 영향에 주어진, 혹은 '된being' 고정된 존재가 아니라 끊임없이 타인과 환경 속에서 상호작용하며 사역에 맞춰 '되어가는becoming' 유동적 존재임을 저는 확신합니다.

되어가는 우리의 정체성은 주체성과 밀접한 연관이 있습니다. 개념적으로 주체성이란 스스로의 행동에 대한 책임감이며 자신의 삶의 중요성, 가치, 의미를 스스로 세워가는 정치적이고 독자적인 역량입니다. 여기서 정치적이란 의미는 자신의 삶에서 상호작용하는 것(사람)과 협상하고 타협하고 조정 통제함을 의미합니다. 주체성을 강조함은 인간은 자신의 앞에 놓인 사건과 상황에 대해 자신이 스스로 가치와 의미를 세울 수 있는 존재라는 믿음입니다. 그리고 자신의 입장을 정하거나 행동할 수 있는 능력입니다. 낯선 것을 학습하고, 익숙한 것을 자신의 삶에 정착시키는 자발성이자 혼돈과 무질서한 자신의 공간 환경을 적극적으로 중재하고 타협하고 협상하는 능력의 소유자입니다. 그런데 인간에게는 문화, 사회계층, 인종, 성별, 민족 등 많은 요소들이 유.무형적인 권력을 행사하면서 그 틀에서 벗어나지 못하게 합니다. 이러한 사회문화적 틀에서 도도하고 당당히 자신의 소리를 내고 자율적으로 조직하고 질서를 세워가는 것이 주체적 인간이라고 학자들은 정의합니다.

그런데 우리는 '소비 정체성'에 살고 있는 것 같습니다. 우리 사회는 어떤 소비를 하느냐에 따라 정체성이 규정되는 경향이 있습니다. 어떤 차를 타느냐? 몇 평에 사느냐? 무슨 백을 들고 다니느냐? 어느 동네에 사느냐? 그렇지만 문서로 대변하는 나, 소비주의에서 좀 더 자유해져서 주체적으로 질서를 부여하는 삶이 양자의 영을 받은 우리의 정체성이라고 생각합니다. 또한 현대는 문서가 지정해 주는 정체성으로 살아가고, 자기 자신이 아닌 문서로 자신의 정체성을 세우고 싶어 한다는 것입니다. 문학가이자 철학자인 데릴로DeLillo, Don는 우리의 사회를 '서류를 가진 사람만이 실체이다'라고 합니다. 우리 사회는 문서로 말하는 사회입니다. 그래서 그럴까요? 나 자신의 무수히 많은 이야기는 뒤로 하고 그 중 아주 작은 토플 성적, 증명서란 문서, 자격증이란 서류 이런 것으로 우리의 차별성이 있는 이야기를 대신하고자 합니다. 사회가 문서를 요구하니까요. 문서나 서류, 컴퓨터와 인터넷이 나를 어떻게 기록하고 있는 가에 따라 우리는 살고 있습니다.

그러나 여기에 망치로 대못을 박듯 한 것이 과학주의입니다. '과학적'이라고 하면 뭔가 괜찮은 듯한 착각 속에서 우리는 살고 있는 거죠. 과학이 무시할 영역은 아니지만 만능도 아님에도 불구하고 말이죠. 이 과학이 소비를 촉진합니다. 지금 시대의 소비품은 과학적인 것이니까요. 스마트폰이 그렇고 인터넷과 컴퓨터가 그러하지요. 또한 과학이 문서화, 서류화 되면 엄청난 파워를 가지고 우리의 삶에 영향을 미치게 되지요. 과학이 다른 얼굴로 나타난 것이 정보입니다. 과학은 정보를 생산하고, 정보는 과학의 입지를 확고하게 만듭니다. 우리는 이런 정보 네트워크에 편입되느냐 아니냐에 따라 괜찮은 '된' 존재가 되는 것이지요. 정보가 개인을 세우고 붕괴합니다. 특히 우리 청소년들은 이 네트워크상에서 드러나기를 바라고, 네트워크 뒤에서 숨기를 갈망합니다. 이런 사회문화적 틀에서 작은 자신의 물맷돌, 주님이 주신 우리만의 속성을 중심으로 삶의 공간에 새로운 질서를 부여하고 가치를 세우는 것이 성경적 주체성이라고 저는 확신합니다.

본문의 마르다와 마리아 이야기를 이야기치료에서 중요시 여기는 정체성과 주체성 문제로 본다면 마르다의 염려와 근심(41절)은 불안을 야기했고 그 불안은 자기 일에 대한 주체성의 결여로 보입니다. 그 결과가 여러 가지 일에 마음 쓰게 되고 분주한 거죠. 봉사/대접하는 하나의 일에 몰두하기 보다는 다른 사람 일로 자신의 일을 비교하는 거죠. 일하는 과정에 집중하기 보다는 타인의 일을 힐끗거리게 되는 거죠. 시류와 유행에 민감하게 되고 내 손에 든 백보다는 타인의 손에 든 백을 마음에 두는 것과 진배없는 것이죠. 그렇다고 이런 우리를 너무 못난 사람 취급해서도 안 된다고 봅니다. 시류와 유행, 이 시대의 문화 앞에서 당당하고 자기만의 색을 가지고 산다는 것은 개인에게 너무 큰 짐인 거죠. 그보다 더 중요한 것은 개개인의 주체성이 당당히 일어날 수 있도록 '우리'가 만들어 지는 것입니다. '그' 우리부터 자신의 일을 사소하게 여기거나 하찮게 여기던 행동, 내 배우자가 내 가족, 교우의 작은 사소함조차도 놓치지 않고 지지하고 격려해 주는 문화부터 만들어가야 한다고 생각합니다.

결론적으로 말하면 정체가 없는 '불안'과 '갈등'은 심리내적이거나 깊은 내면의 세계에서 일어나는 폭풍이라기보다는 '나'와 '일', 그 일과 나에게 의미와 가치를 부여하는 공동체의 문화라 할 수 있습니다. 이런 것들이 서로 어우러지는 우리의 문화를 만들기 위해 그 어떤 대단한 것이 요구되는 건 아닙니다. 많은 일을 해야 하는 것도 아닙니다. 여러 가지 봉사가 아닌 단 한 가지만이라도 족한(42절) 것입니다. 우리 공동체는 이런 공동체입니다. 좋은 편을 선택하는데(42절) 아무 마음의 갈등이 없는 공동체가 중요하다고 봅니다. 한 가지에 집중해도 족한 공동체 문화는 자신의 일을 비교할 수밖에 없는 약한 존재인 개인에게 '불안'을 치유해 주기도 하고 자기 자신과의 '갈등'에서 벗어날 수 있는 가장 강력한 하나님의 선물이지요. 그런 공동체를 '교회'라고 부르면 어떨까요? 그 공동체는 개개인의 일과 개인의 정체성에 세상과 다른 잣대의 가치와 의미를 부여해 주고 지지하고 격려해 주는 생명체이지 않을까요?

부부 사이에 일어나는 불안과 갈등을 마르다와 마리아 이야기에 적용해봐도 좋을 듯합니다. 부부 사이에 여러 갈등과 불안의 요소들이 있겠지만 그 중 하나는 가족 구성원의 각자의 역할과 기능에 대해 '여러 가지'에 매이게 되면 불안과 갈등의 요소가 될 수도 있습니다. 그러나 단 몇 가지에 집중하고, 서로가 좋은 것을 선택할 수 있어야 합니다. 잘할 수 있는 것에 대해 가치를 인정하고 그 가정만의 의미를 부여할 때면 축복된 부부가 되리라 봅니다. 오해는 없으실 줄로 압니다. 이기적인 선택, 공동체를 해하는 선택이 아닌 건 기본이겠지요. 개인의 행복 추구가 아니라 축복된 존재라면 당연히 가는 길이 있는 것이니까요. 가족 개개인의 기능과 역할에 옳고 그름은 그리 많지 않습니다. 갈등이 있을 때 맞고 틀림을 구분할 수 있는 기준은 사실 그리 분명한 것은 거의 없습니다. 갈등하는 부부는 사실 많은 것을 요구하지 않습니다. '다만 한두 가지', 손에 꼽을 정도의 것만 상대에게 요구하는데 그게 채워지지 않는 겁니다. 그럼에도 불구하고 우리는 서로의 기능과 역할에 대해 옳고 그름의 잣대로 서로에게 다가섬이 문제일 수도 있습니다.

우리 주위와 사회에서 보편적, 일상적, 통상적이란 이유만으로 어떤 말을 할지라도 주체는 '우리 부부'입니다. 부부가 어떤 정체성을 가지고 있느냐, 서로가 서로에게 자신이 중심이라고 주장하지는 않으나 주체로서 살 것인가의 관점 문제이지요. 당당히 한두 가지만이라도 좋은 것을 선택할 수 있는 우리만의 부부, 가족문화가 선행되어야겠습니다. 애틋하게 다독이며 사는 부부도 보면 상대에게 원하는 것이 몇 가지 되지 않습니다. 앞에서 언급한 가트만의 애정잔고 통장과도 같은 것이지요. 아흔 아홉 가지가 문제일 수는 있으나 한두 가지가 부부 사랑의 핵심이 될 수도 있고, 아흔 아홉 가지가 족하다고 해도 한두 가지가 죽도록 싫어서 깨질 수도 있습니다. 즉 우리 모두는 상대에게 원하는 바가 그리 많지 않습니다. 몇 가지만, 혹은 한 가지라도 족한 겁니다. "몇 가지만 하든지 혹은 한 가지만이라도 족하니라….좋은 편을 택하였으니 빼앗기지 아니하리라"(42절).

9

입다의 서원

● 사사기 11장 ●

하나님께 서원promise하셨으면 '반드시' 지켜야 합니까? 만약 여러분의 답이 '아니요'라고 하면 민수기 30장, 전도서 5:6에서 강조했던 부분과 대치되기 때문에 문제가 되지요? 만약 여러분의 답이 '예'라고 하면 저는 사사 입다의 서원을 들이밀고 싶습니다. 사사 입다의 서원 이야기를 아시지요? 이 이야기 속에서 사사 입다는 하나님께 서원을 한 것, 승리를 하고 집으로 돌아 왔을 때 집에서 제일 먼저 나와서 자신을 영접하는 자를 번제물로 드린다는 그 서원(31절)을 '꼭' 지켰어야 할까요? 하필이면 딸이 나왔으니 타협해야 할까요? 아니면 마태복음 5:33에서 예수님께서 말씀하신 것처럼 맹세promise 자체를 하지 말았어야 했을까요? 혹시 여러분! 제가 지금 여러분께 드린 질문에 예/아니요, 그래야 한다/그렇지 않다, 옳다/그르다란 이분법적인 틀에서 생각이 맴돌지는 않습니까? 만약 아니시라면 저의 기우였던 것이고, 만약 그러셨다면 우리가 쉽게 빠지는 생각의 함정에 또 빠진 것입니다. 위와 같은 구도로 보면 우리의 심리적 불안은 마치 서원을 지키고 못/안 지키고의 문제에서 나오는 듯합니다. 단답으로 사건을 이해하기 이전에 맥락을 다시 한 번 고려해 봅시다. 입다의 서원을 다시 한 번 보지요. 입다의 사건에서 인간이 겪는 또 다른 불안과 갈등의 형태가 드러납니다.

사사 입다의 불안과 갈등은 자신의 '자존심'이 문제였던 것 같습니다. 사사기 이야기 중 '서원'과 관련된 것 중 압권은 아마도 입다의 서원과 그 서원을 지켜서 딸을 제물삼은 이야기일겁니다. 이 서원과 인간 불안과 어떤 연관이 있는지 한 번 돌아보고 싶습니다. 또한 이 '서원'이란 매우 엄중하기 때문에 신앙인이라면 한 번은 짚고 넘어 가야 할 것 같습니다. 서원이란 단어와 의미가 자유함, 유연함 혹은 평안함이라기보다는 중압감이 더 느껴지는 것은 저만의 느낌일까요? 뭔가 갈등이 느껴지지는 않습니까? 게다가 서원이란 단어에 '하나님 앞'이라고 하면 더 무겁고 과중하진 않으신지요? 이 때 우리가 할 수 있는 행동의 선택은 너무도 '당연'하지 않습니까? 게다가 '꼭'이란 단서를 붙이면 더더욱 우리의 입지는 단답형이 되어 버리지요.

그런데 거기에 자녀(딸)란 특수(가족) 관계, 특수 조건을 대입해 보면 이제부터 망설여지지 않습니까? 이 대목에서 답이 궁색한 저희가 신앙적 결단을 보이기 위해 굳이 끌어 들이는 것이 아브라함이 이삭을 바친 사건은 아닙니까? 그렇지만 나의 이야기인 어미/아비의 심정으로 돌아오면 참 난감하고 답답한 사건이 입다의 서원 이야기입니다.

성경에서 입다는 어떤 사람으로 묘사되나요? 히브리서 11:32에서는 입다를 믿음의 사람이라 칭합니다. 그런데 오늘 본문에서 입다의 출생을 보면 실로 기구합니다. 생모의 이름이 드러나지 않고 그저 기생이라고만 나옵니다(1절). 물론 당대의 여인들에게 이름을 불러주는 것이 보편적이지는 않았지만 그래도 중요 인물들은 그의 어머니 이름이 종종 나옵니다. 여종 하갈에게서 낳은 아들 이스마엘, 우스의 어머니이자 나홀의 아내 밀가, 하란의 딸 이스가, 암몬 조상의 어머니 벤암미, 아브라함의 후처 그두라, 에서의 이방인 아내 유딧, 레아의 여종 실바, 요셉과 단의 어머니 라헬, 그 종 빌하, 그 유명한 룻 등등 성경의 여느 인물과 대조됩니다. 다른 여인들은 여종이었든, 이방여인이었든, 기생이었든, 후처였든 중요사건에는 여인의 이름이 등재되어 있습니다. 그러나 입다의 어머니는 그저 기생, 즉 창녀로만 소개됩니다. 얼마나 차별을 받았을지 미루어 짐작할 수 있습니다(2절). 오죽하면 배다른 형제들을 피해 다른 곳으로 '피하여'(3절) 살았을까요?

물론 거절되고 분리를 겪었던 아픔이 한 개인을 규정할 수는 없지만 상담.심리학자들은 인간에게 거절 불안과 분리 불안은 개인의 심리적인 면에서, 개인의 행동양식에 엄청난 영향을 끼친다고 이야기합니다. 특히 애착 형성에 지대한 영향을 미친다지요. 이러한 거절, 분리 불안이 있는 사람은 편집증적인 현상이 나타나기도 하고, 어느 특정 어린 시절에서 더 이상 성장하지 않고 그 당시 목말랐던 행동, 심리적 행위를 어른이 되어서도 그 어린 시절에 매여 산다(고착)고 생각하는 것이 상담.심리학자들의 보편적인 생각입니다. 이들에 의하면 어린 시절 거절/분리 불안은 평생의 상처로 남아 어른이 되어 어떤 형태로든 그 시절의 잃어버린 것을 찾아 헤맨다는 것입니다. 그러다 보니 현재의 자신을 살지 못하고, '자존감이 낮고', 주체적으로 자신의 현재 상황을 이해하고 판단하는 것이 아니라 늘 '그 어린 아이'의 눈으로 보고 결정하고 심리적 우물에 빠져 허우적댄다는 것이지요. 그 결과 어떤 상황에서, 어떤 상호관계성 속에서 불안과 갈등이 잠복된 행위를 한다는 겁니다. 그러므로 이 아이와 결별해야 한다는 것입니다. 그러기 위해 당시로 돌아가서 용서와 화해를 이루어야 한다는 것이 이 이론가들의 주장입니다. 그러나 이들의 이론은 일정부분은 일리가 있지만 하나님의 사람, 하나님의 시간, 성령님의 현존하시고 활동하심을 염두에 두지 않은 아주 단편적인 생각이지요.

이야기치료에서 시간은 오늘 이 순간 외에는 없다고 생각합니다. 우선 시간이란 무엇인가에 대해 조금 알아보겠습니다. 시간은 보이지도 않고, 만져지지도 않습니다. 그렇다고 바람처럼 스쳐 지나가면 느껴지기라도 하련만 그렇게 실체가 존재하는 것도 아닙니다. 그럼에도 불구하고 우리가 시간을 느끼고 경험하는 것은 우리가 언어로 표현했기 때문에 가능하지요. 그것을 연대기적 시간(χρόνς)이라고 합니다. 연대기적이란 말 그대로 12시, 2030년, 어제, 현재, 미래와 같이 객관적이고 언어(숫자)로 명명한 것들입니다. 그리고 우리가 사는 이 시점을 즉 공간을 구분할 수 있는 유일한 것이지요. 이 시간이 없으면 우리는 오늘과 어제를 구분 짓지 못합니다. 낮과 밤이 현상적이지만 어디부터 낮이라 하고 어느 시점부터 밤이라고 분명하게 구분 짓기는 불가능합니다. 이 시간은 인간의 의지로는 어쩔 수 없는 것입니다. 오로지 하나님 안에 있고 하나님만이 주관하실 수 있는 것입니다. 인간은 다만 이 시간을 경험할 뿐입니다. 즉 하나님의 주관 하에 인간은 그 시간을 경험할 뿐이지요. 그 경험을 체계적으로 하기 위해 인간은 하나님이 주신 위대한 선물인 언어(숫자)를 사용할 뿐입니다.

또 하나의 시간 개념은 의미론적 시간(καιρός)이라고 합니다. 의미론적 시간은 그 연대기적 시간에서 경험한 것을 경험되게experienced experience하는 것입니다. 극히 주관적이고 경험한 것에 의미를 부여할 때 가능한 시간입니다. 예를 들어 서울에서 중국까지 제일 빨리(시간) 가는 방법을 여러분께 여쭤보면 각양각색의 답이 나오겠죠. 그런데 어느 분이 "사랑하는 사람과 함께 갈 때" 라고 합니다. 이것이 의미론적인 시간입니다. 여러분에게 오전 11;30분은 아무 의미가 없을 것입니다. 그런데 어떤 엄청난 사건이 있었던, 즉 이야기가 있었던 어제 11:30분은 다른 시간보다 의미가 있고 다른 시간과 다른 차별성을 갖는 가치가 있을 것입니다. 즉 연대기적 시간을 시간답게 하는 것이 의미론적 시간이라 할 수 있습니다. 의미론적 시간은 주관적이고 경험적인 것으로서 자신의 느낌대로 시간을 체험하는 것입니다. 예를 들어 "아휴..왜 이리 시간이 짧아.." "시간이 없어.." 와 같은 것이지요. 하루를 24시간이라고 하면 연대기적인 표현일 것이고, 누군가는 25시를 산다고 할 때는 의미론적인 시간이겠지요. 그러므로 의미론적으로 말하면 사람은 각자 다른 시간을 살고 있고, 통제와 조정이 가능합니다.

성 어거스틴(아우구스티누스)은 이렇게 말했다지요. 시간을 알면서도 누군가에게 시간을 설명하려면 그 시간이 뭔지 모르겠다고 했답니다. 그러면서 시간은 존재하지 않는다고 합니다. 왜냐하면 과거는 이미 지나가버렸고, 미래는 아직 오지 않았으며, 현재는 끊임없이 도망가버리기 때문이라고 합니다. 그러나 다른 면에서 시간은 또한 존재한다는 겁니다. 왜냐하면 우리는 시간을 잴수 있기 때문입니다. 존재하지 않는 것은 잴수 없는데 왜 또 존재한다고 했을까요? 어거스틴에 의하면 시간은 외부에 존재하는 어떤 대상이 아니라 정신적인 체험이라고 합니다. 그래서 과거란 현재 기억하는 것이고, 현재는 경험하는 현재이고, 미래는 기대하는 현재라고 했습니다. 이것을 좀더 체계화한 사람이 뽈 리꾀르인데 간단하게 말하면 과거란 시간 개념은 지금 이야기하는 그 과거이고, 현재는 지금 이야기하고 있는 것이고, 미래는 지금 현재 이야기하는 미래라고 설명합니다. 현재를 중심으로 과거와 현재, 미래의 불가항력적이고 통제불가한 것, 즉 균열을 통합하려는 정신의 행위라고 말합니다. 그 정신이란 결국 '이야기'로 구성된 것이라고 합니다. 이 어려운 개념을 한마디로 말하면 인간에게 존재 가능한 시간은 순간의 현재일 뿐이고 나머지 우리가 말하는 과거, 미래란 것은 우리가 이야기하고 있을 뿐이라는 것입니다.

그렇다면 과거에 우리가 어떤 아픔이 있었을지라도 오늘 현재 내 자신이 어떻게 말하고 있느냐에 따라 과거의 그 사건은 여러 가지로 달라진다는 것입니다. 왜냐하면 그 과거는 지금 현재 없기 때문입니다. 없는 존재가 지금 나를 아프게 할 수 없습니다. 혹시 여러분 '기억하고 있으니', '아픈 기억 때문에'라고 하실 수 있습니다. 그러나 엄밀하게 보면 오늘 내가 단단한 사람이고 오늘 이 순간이 기쁘다면 그 아픈 과거 '때문에' 지금 내가 이렇다고 말할 것입니다. 그러나 지금 내가 너무 힘들면 그때 그일 '때문에'라고 말할 것입니다. 또한 기억이라는 것조차 오늘 지금 이 순간 '하고 있는ing' 것이지요. 무엇으로? 당시의 상황을 이야기로 구성해서 뇌에 저장해둔 것이지요. 그리고 필요할 때 혹은 현재 그때 그 사건과 연관된 일이 있을 때 그 기억된 이야기를 재구성하기도 하고, 그냥 기억된 그 이야기 그대로 이용하기도 하지요. 그렇다면 기억이란 것이 생물학적으로 뇌에서 푹 튀어 나오는 것이 아니라 언어로 그 사건을 구조화한 '이야기story'인 거죠.

과거의 이야기가 오늘의 나(현재)에게 영향을 줄 수는 있지만 그렇다고 오늘의 나를 규정할 수는 없습니다. 도리어 오늘의 내가 누구냐, 어떤 상황에 놓여 있느냐, 무엇을 원하느냐에 따라 그 과거 이야기가 규정됩니다. 즉 어제의 사건에 의해 오늘 내가 어떤 사람이 되는 것이 아니라 오늘 내가 어제의 사건을 재해석해서 자기 것으로 만든다는 것이지요. 그러기에 실존철학자이신 사르트르의 그 유명한 명제 "어제의 나의 선택이 오늘의 나를 결정하고, 오늘의 나의 선택이 내일의 나를 형성한다."는 말은 인본주의자이자 실존주의자의 명제일 뿐입니다. 그 어제와 오늘의 사이에 있는 시간은 '나'(인간)의 손에 운영되는 것이 아니라 시간을 초월하신 절대자 하나님의 손에 의해 운용됩니다. 그렇다면 그 사이의 시간에 무수히 많은 일들이 개입할 여지가 있지요. 그러기에 오늘의 나는 어떤 내가 될지 아무도 모르는 것이 더 옳은 이해이지요. 굳이 잠언서를 끌어 들이지 않아도 이해하시겠지요? "사람이 마음으로 자기의 길을 계획할지라도 그의 걸음을 인도하시는 이는 여호와시니라(16:9)", "사람의 마음에는 많은 계획이 있어도 오직 여호와의 뜻만이 완전히 서리라(19:21)", "마음의 경영은 사람에게 있어도 말의 응답은 여호와께로부터 나오느니라.(16:1)"

한 가지 더 정리하고 넘어 가겠습니다. 기억이란 것입니다. 개인의 이야기와 관계들은 시간과 공간적 배열 속에 있는 기억에 많이 의존하고 있기 때문입니다. 이제까지 우리는 기억을 개인적인 것, 그리고 생물학적인 뇌의 역할로 국한시킨 경향이 있습니다. 그러다보니 보통 전통적인 상담 기법에서는 정교하고 심오하게 의식과 무의식의 세계를 분석하고 무의식 속에 잠재해 있는 무엇인가를 과학적 접근을 통해 찾아내어 치료의 도구로 사용합니다. 이러한 기법들은 무의식의 세계를 곧 '그 어떤 곳'에 있는 '그 무엇'이라고 봅니다. 혹은 삶의 수면 위로 나타나지 않은 '잃어버린 세계'나 '잊어버린 기억' 등으로 간주하지요.

또 다른 관점은 뇌의 작용, 즉 우리 몸에 있는 물체의 활동 영역으로 간주하기도 합니다. 인간의 '기억'도 이 무의식의 한 영역으로 간주되어 '기억'이란 뇌의 작용이요, 뇌의 한 부분이 기억을 관장하는 것으로 이해합니다. 뇌의 화학 작용으로 인해 기억의 극대화나 장애가 이루어진다고 생각하지요. 그리고 여기에 심리적 요소들이 추가된 것으로 본다고 할 수 있습니다. 이러한 관점은 인간을 자연진화론과 심리적 진화론에 기초하여 보고있다고 할 수 있습니다. 이러한 관점에 의하면 결국 기억이란 개인 속에 내재한 능력이며 책임이란 등식이 성립되지요. 다시 말하면, 기억이란 부모에게서 물려받은 귀한 자산이 될 수도 있고, 재앙이 될 수도 있다는 것입니다. 또한 신비한 것으로서 개인의 능력에 의해 얻어지는 것이라고 할 수 있습니다. 한마디로 말하면, 기억은 극히 개인적인 것이라는 것이지요. 성경의 인간상과 많이 위배되는 인식이지요.

그와는 다르게 내러티브 접근법에서는 기억에 대해 다른 인식론을 가지고 있습니다. 그렇다고 해서 기억에 대한 전통적 접근과 연구를 폄하하지는 않습니다. 단지 또 다른 측면의 '기억'이란 것을 강조하고 싶을 뿐입니다. 사회 구성론자 샘슨Sampson은 기억이란 단지 개인의 영역이 아니라 사회/문화적으로 구성된 것이며, 사회·문화적 담론 내에서 서로간의 연결된 결과물이라고 주장합니다. 어느 한 사람의 기억은 그 자신이 사회·문화 속에서 배운 지식과 생각, 개념, 가치, 행동 양식에 대한 처리manage로서 반응response과 반사reflection 행동이라는 것이지요. 사회적으로 인정된 방법이나 요구에 부합하여 자신이 가지고 있는 정보를 시공간time and space 속에서 그 사회·문화의 배경에 맞도록 처리한 것이 기억이라는 것입니다. 기억을 한마디로 말하면 '연합 행위'(joint action)라고 할 수 있습니다. 그래서 사회 구성론자들은 이러한 기억의 특성을 '참여적 기억'participatory memory 혹은 '참여적 인식'Participatory cognition이라고 부릅니다.

타프와 갈리모어Tharp와 Gallimore가 이해하기 쉬운 예문으로 기억의 문제를 설명합니다. 어느 날 자신의 여섯 살난 딸이 장난감을 잃어버렸습니다. 딸은 속이 상해서 아빠에게 투정을 부렸답니다. 그때 아빠가 딸에게 어디서 잃어버렸는지 기억이 나지 않느냐고 물었답니다. 그랬더니 딸은 "기억할 수 없어요"라고만 말했답니다. 아빠는 계속해서 딸에게 물었답니다. "네 방을 찾아 봤니? 밖에는? 혹시 토미네 집에 두고 온 건 아니야?" 딸의 반응은 "응, 아니"라고만 했답니다. 그러던 순간 아빠가 "차 안에 두고 내린 것 아니니?"라고 물어봤을 때, 딸의 얼굴에는 화사한 미소가 돌면서 이렇게 외쳤답니다. "아, 그렇다. 거기에 두고 온 것 같아."

이 이야기 속에서 우리는 딸이 온전히 기억했다고 보기도 어렵고 그렇다고 아빠가 기억했다고 볼 수도 없지요. 잃어버린 장난감에 대한 기억을 끌어낸 것은 '연합된 성취물'joint accomplishment의 결과이지요. 딸은 아빠의 도움을 받은 후에, 그것을 가지고 자신의 기억을 회생해낸 것입니다. 즉 기억이란 사회적이고 상호 공동체적으로 구축된 것이고, 구체적인 콘텍스트 안에서의 회생입니다. 기억의 재생이 무엇과 연관되느냐, 어떤 것과 관계하느냐, 기억이 어떤 상황에서 요구되느냐에 따라 기억의 회생은 차이를 보입니다. 또한 어떤 동기와 목적 그리고 관점에 의해 처리되느냐에 따라 그 차이는 달라집니다. 그러므로 내러티브 접근법은 개인의 기억을 개인의 능력이나 생리적인 것 혹은 인지주의가 말하는 뇌의 구성 물질 혹은 화학적인 반응만으로 규정하여 개인적 유능성이나 개인적 능력의 차이로만 판단하려 하지 않고 사회적이며, 공동체적이고, 구체적인 콘텍스트를 통해서도 바라보려는 시도를 하고 있습니다.

입다의 서원 이야기로 돌아가 보죠. 입다가 겪었을지도 모를 출생의 아픔, 즉 분리/거절 불안을 논하다가 느닷없이 시간 개념과 '기억'에 대한 이야기 접근법의 인식론을 들고 나온 이유가 있습니다. 여러분이 위의 시간 개념을 이해하셨다면 우리에게 존재하는 시간은 현재만 있다는 것을 쉽게 동의하실 겁니다. 그렇다면 입다가 어떤 아픈 과거가 있었을지라도, 당시에 불안을 겪었을지라도 입다는 입지전적인 인물인 자신의 입장에서 과거사를 다른 관점에서 이야기할 수 있었던 것이지요. 입다는 타지에까지 가서 비록 건달이지만 일개 건달로 살다 죽은 자가 아니라 타지의 건달을 모아 건달패의 두목까지(3절) 했던 자입니다. 거기서 끝난 것이 아니라 자신을 내

쳤던 고향의 군 총수까지(11절) 오른 자입니다. 그것도 무력으로 이룬 것이 아니라 고향 사람들이 자발적으로 읍소까지 해가면서 모셔간 입장입니다(6, 8절). 과정이야 어떠하든 입다는 '지금 이 순간'의 위치가 달라졌습니다. 고급스럽게 이야기하면 입지전적인 사람이 된 거죠. 오늘의 입다가 누구냐에 따라 어제의 입다의 상처가 재해석될 수 있는 여지가 있다는 것이지요.

게다가 더욱 드라마틱한 것은 어린 시절 쫓겨난 필부, 건달패가 당당히 암몬왕에게 사신을 보내고 있습니다. 여기서 "내 땅을"(12절)이란 표현을 합니다. 이스라엘에게 땅은 축복의 상징이요. 하나님의 약속과 같은 것이지요. 그 땅을 '내 땅'이라고 표현한 겁니다. 정체성을 드러내는 것이지요. 과거의 상처는 잊은 듯합니다. 과거에 대한 자기 연민이라기보다는 장군 사사의 정체성을 느낄 수 있는 대목이 아닐까요? 암몬왕에게 보낸 서신을 보면 더욱 확신이 갑니다. 장군 입다의 서신에는 그의 조상의 행적을 분명하게 말하고 있습니다(16-27절). 자신의 공동체 역사를 자신의 것으로 받아들인다고 봐도 과언이 아닐 듯합니다. 또한 자기 정체성과 공동체(민족)의 정체성을 동일시한다는 것은 자기 준거의식을 나타내는 것이지요. 즉 동일 민족의식 같은 사회적 정체성을 동일시 한다는 것이지요. 정신이 건강한 자의 중요한 부분입니다. 개인의 주체성이 비뚤어지면 개인주의나 독불장군이 되지만 건강한 주체성은 자신의 공동체성과 역사성을 포함하고 있지요.

그런데 이런 입지전적인 입다이지만 전쟁이 코앞에 다가오니 두려웠나 봅니다. 아니 당연하죠. 아무리 건달 생활을 했을지라도 칼을 들고 사람을 죽이는 전쟁, 그리고 장군으로서 군사를 진두지휘를 하는 것과는 크게 다르겠지요. 전쟁에 대한 확신, 불안을 떨칠 뭔가가 있어야 했을지 모릅니다. 다급했을지도 모릅니다. 그래서 일까요? 입다는 이스라엘을 향한 하나님의 심장과 상관없이 '서원'을 합니다(30절). 더군다나 자칫 잘못 보면 32절에 나오는 입다의 승리가 입다의 서원이란 형식으로 하나님과 한판 협상에서 이루어진 것 같은 착각을 가져올 수도 있지요. 물론 그리 보실 독자 분은 아무도 없으시겠지만 이스라엘을 향한 하나님의 심장이 너무 퇴색되어 버립니다. 아무튼 입다가 서원한 그 내용은 생각보다 단순한 것이 아니었습니다. 자신에게 승리를 하게 해주시면 승리하고 돌아올 때 자기 집에서 자기를 처음 영접하는 '그를'(개역개정, 개역한글: 누구든지, CEV: whoever) 번제물로 드린다고 한 것입니다(31절). 문제는 여기서 부터입니다.

장면 하나: 입다는 승전한 후 하나님과의 서원을 지키기 위해 자기 집 앞으로 갔습니다. 그런데 집에서 키우던 멍멍이가 주인이 오는 소리를 듣고 뛰어 나왔습니다. 아차! 아무리 첫 것을 바치겠다고 했지만 그래도 멍멍이는 제물로 사용할 수 없는 동물이었습니다. 다시 기다리기로 했습니다. 그런데 이번에는 상황이 해도 너무 합니다. 미스바의 제사장이 장군의 가족을 위로하기 위해 심방을 왔다 나오는 중에 장군의 첫 눈과 마주쳤습니다. 그 뒤에 딸과 부인이 제

사장을 배웅하러 집 밖으로 나오는 것을 봤습니다. 제사장을 바칠 수는 더더욱 없지요. 그렇다면 그 뒤에 있는 딸과 부인 중 택일을 하면 될 일이었습니다. 이미 첫 것은 퇴색되어 버렸습니다. 서원 자체가 정황상 서원의 내용대로 될 수 없는 지경이 되어 버렸습니다. 그냥 감사제를 정성껏 드리던가 아니면 서원을 잘못한 자신의 실수를 회개하고 용서를 구해야 할 판입니다.

장면 두 번째: "자 가자…." 장군과 그 뒤를 따르는 이스라엘 군대는 미스바에 있는 장군의 집으로 향하고 있었습니다. 장군의 참모가 옆에서 문제제기를 합니다. "장군~ 지금 어디로 가십니까? 본부로 가시지 않고 왜 자택으로 먼저 가십니까?" "내가 하나님께 약속한 것이 있다. 잔말 말고 앞 서거라! 내가 전쟁에 나가기 전에 하나님께 서원한 것이 있다. 그걸 먼저 행함이 나의 본분이다. 이 승리는 주님이 주신 것이다" 그 말을 들은 참모는 그때서야 깨닫고 "아~ 잘 알겠습니다. 장군, 제군들 앞으로!!" 드디어 장군의 집 앞에 이르렀습니다. 아 그런데 이게 어찌 된 일입니까? 귀하디귀한 딸이 제일 먼저 장군을 맞이하는 것입니다. 장군 입다는 물론이거니와 장군을 따르던 군인들도 모두 난감해 했습니다. 왜냐하면 장군이 어떤 서원을 했는지 알기 때문입니다. 그런데 이 순간 단 한 명의 부하도 이 서원을 다시 생각해 보도록 조언하는 자도 없었습니다. 장군의 입에서는 급기야 외마디가 나옵니다. "내 딸이여 너는 나를 참담하게 하는 자요 너는 나를 괴롭게 하는 자 중의 하나로다"(35절)

어떠세요? 여러분 생각에 입다가 한 서원 '때문에' 하나님께서 전쟁을 승리하도록 허락하셨을까요? 그렇게 믿으시는 분은 아무도 없으리라 봅니다. 하나님의 심장은 입다의 서원과 상관없이 움직이신 것이라고 봅니다. 서원의 주체가 누구든, 내용이 무엇이었던 하나님의 구원의 손은 움직이신 것이지요. 전지하신 하나님께서 입다의 딸이 제물이 되리라는 것을 모르실리 없으셨을 겁니다. 제가 보기에 입다의 서원은 하나님의 의지와 뜻, 그리고 그분의 계획과는 무관하다고 봅니다. 입다 개인의 문제였던 것이지요. 그렇지만 입다의 입장이 이해도 됩니다. 제 경우에 부끄럽지만 무엇인가에 몰리고 급하다 보면 하나님과 협상하듯 기도를 했던 때도 있고, 지금 생각해 보면 부흥회에 빠져 얼토당토않은 서원 기도를 한 적도 있습니다. 저의 무지하고 어쭙잖은 신앙행위를 변명하자는 것이 아니라 입다가 그만큼 절박했을 것이라는 것이 이해된다는 것이지요. 사사 기드온을 보십시오. 하나님께 이랬다저랬다 하며 몇 번이고 여쭙잖아요. 필부만이 아니라 장군에게도 전쟁이란 무서운 것이지요.

그러나 그럼에도 불구하고 입다의 죄는 실로 큽니다. 첫째는 하나님을 나쁜 분으로 오해하도록 한 것이지요. 위에서 상상으로 만든 이야기이지만 어디를 봐도 입다의 서원은 서원 자체가 잘못된 것입니다. 그렇다면 회개가 우선이지요. 비록 자신의 입으로 서원했을지라도 잘못된 것을 깨달았을 때는 잘못을 빌고 용서를 구하고 하나님의 은혜를 입어야 하지 않을까요? 제가 믿는 하나님은 다급해서 함부로 서원한 입다를 이해 못하실 분도 아니고 용서를 구하는 입다를 내칠 분도 아닙니다. 더군다나 하나님께서는 고대 근동에 유행했던 제사 방식, 그것도 사람을 제물로 받치는 것을 극도로 싫어하시고 거부하셨잖아요. 그런데도 불구하고 입다는 실행에 옮겼습니다. 입다의 서원 실행을 기뻐 받으셨을까요? 입다의 서원 실행으로 인해 도리어 하나님은 사람을 바치는 제사를 좋아하시는 신들gods 중 하나가 되셨습니다. 이 어찌 엄청난 죄가 아니겠습니까?

이제까지 우리의 문화는 단답형을 요구했고, 그렇게 답하도록 훈련된 경향이 있습니다. 좋은가 나쁜가, 맞다 틀리다로 가름하다보니 철학적 질문을 등한시 하지 않았나 생각해봐야 합니다. 이런 방식으로 입다의 서원 행위에 접근하면 하나님께서 여러 신들 중 하나가 되어 버릴 수도 있습니다. 마치 민주주의가 좋은가 독재가 좋은가라고 단순하게 가름하는 것과 마찬가지입니다. 민주주의가 가치 있는 것이 아니라 누구를 위한, 무엇을 위한, 그 제도로 인해 누가 혜택을 받고, 누가 소외되는지, 이 제도들의 주체가 누구인지가 중요한 것 아니겠습니까?

입다의 서원 행위에 대해 우리는 먼저 질문해야 할 것이 있지요. 우리의 서원은 누구를 위한 것인가? 무엇을 위한 서원인가? 누가 서원의 주체여야 하는가? 왜 서원이어야 하는가에 대한 물음이 먼저여야 한다고 생각합니다. 이런 질문을 하다보면 입다의 서원은 명백해 집니다. 서원을 누가 했던, 어떤 내용이었든, 서원을 받고 안받고, 인정하고 안하고의 주체는 우리 하나님이시지요. 그렇다고 입다가 주변은 아니지요. 입다 역시 주체이지요. 다만 하나님께서 당신을 중심으로 세우시지 않으신다는 것은 여러 사건을 통해 우리는 알고 있습니다. 기꺼이 하나님은 빠져 주시고 영광은 당신의 종이 받도록 하십니다. 그럼에도 불구하고 입다는 기어코 하나님을 영광되게, 자신이 복되고 기쁜 결말이 아니라 슬프고 애통한 상황을 만들어 버렸습니다. 자신의 경망함의 죄를 깨닫지 못하고 고집부린 결과라고 저는 생각합니다.

그런데 입다는 자신의 서원을 실행했습니다(39절). 그렇다면 아직도 자신의 잘못을 깨닫지 못한 것인가 아니면 또 다른 이유가 있었지 않을까 추측해 봅니다. 사사 제도 자체에 한번 초점을 맞춰 보지요. 아시다시피 사사제도가 무엇입니까? 주변 국가가 중앙 집중적 왕권과 세습적 권력을 행사하고 있을 때, 평민도 지도자가 되어 정치, 군사, 사법권을 '일시'나마 가질 수 있고, 그 먼 옛날에 드보라 같은 여성도 지도자로 세울 수 있는 희한한 제도. 즉 신정정치의 표상이지요. 다시 말하면 사람위에 사람 없다, 즉 오로지 하나님만이 통치자이시며 전쟁은 하나님 통제 하에 있다는 의미이지요. 이런 제도가 근 180년을 유지할 수 있었다는 것은 역사적으로 볼 때 놀라운 일이라는 것은 우리도 동의하는 바입니다. 그런데 이 제도가 서서히 사적 권력으로 변질됩니다. 세습과 대물림하는 권력으로 변합니다. 결국 이웃 근동의 정치제도를 따라하게 되지요. 왜 이런 일이 벌어졌을까요? 제가 보기에는 '사람 위에 사람'이 있고 싶어하는 것이 아니었을까요? 다시 말하면 사람의 마음을 사고, 사람 위에 군림하고 싶은 심리적 기제가 우선이고 중요한 가치로 자리 잡은 것은 아닐까요?

본문 35절에 비춰보면 입다는 자신의 서원이 잘못됨을 통곡하고 있습니다. 그런데도 거기서 멈추지 않았습니다. 고집스럽게 기어이 행했습니다. 어린 시절 상처로 인해 이런 고집이 생겼을까요? 그런 상처 때문이라면 도리어 더 소심하고 더 줏대 없는 행동양식이 자리 잡았을지도 모르지요. 그보다 더 설득력 있는 것은 이 사람의 사회적 위치가 주범 같습니다. 즉 이 순간의 정체성이 고집을 부리게 한 것이 아닌가 싶습니다. 장군입니다. 사람의 마음을 사고, 그들을 통치하는 권력가. 한낱 건달패 두목이 아닙니다. 보이지 않는 하나님보다 보이는 부하들 앞에서 내뱉은 것입니다. 남아일언 중천금입니다, 제가 보기에는 이런 기재가 자존심이란 것으로 둔갑한 것 같습니다. 즉 입다는 자존심을 세우고 있는 듯합니다. 하나님 앞이란, 하나님이 주체가 되시고 함께한 서원이란 관점은 온데간데 없고 자신의 부하들 앞에서 리더로서의 자존심인 듯합니다. 리더로서 뱉은 말은 '꼭' 지켜야 한다는 카리스마적 리더십으로서의 자존심.

자신감과 자존감, 그리고 자존심은 차이가 있습니다. 단어의 뜻으로만 보면 대동소이한 차이이지만 심리내적으로 보면 상당한 차이가 있습니다. 자신감은 타자object가 있습니다. 상호관계성 속에서 나타나는 심리적 기제이구요. 자존감이란 타자와 관계가 없이 자신에 대한 만족감, 존중으로서 개인의 내적인 기제이지요. 자신감은 상호관계 안에서 경쟁적인 구도에서 나타나는 심리적인 것으로 상황적인 것과 깊은 연관이 있지요. 반면에 자존감은 경쟁 구도 없이 오로지 자신의 역사와 자신만의 평가로서 상호관계에서는 그리 크게 영향을 받지 않지요. 그러므로 자신감이 충만한 사람일지라도 자존감은 낮을 수도 있고, 자존감은 단단하지만 경쟁이나 상호관계에서 소극적 행동을 하거나 불안해할 수도 있습니다. 이 사이에 자존심이 있다고 보면 될 것 같습니다. 자존심은 일단 타자(물건, 상황, 인간관계)와의 관계에서 나타난 상황이나 조건이면서도 자신의 자존감과 연관이 있는 것이 자존심이지요. 자신감이 외적 조건에 대한 동력이라면 자존심은 그 결과나 동력에 대한 내적 기제이지요.

입다의 사건을 여기에 대입해 보면 입다의 자존감은 어린 시절을 감안하여 보면 상당히 단단한 듯합니다. 그건 자기 정체성을 분명히 하는 모습에서 엿볼 수 있지요. 그리고 자신감도 나름 충만한 듯합니다. 전쟁을 앞두고 불안하여 주의 깊은 고민 없이 일단 앞뒤 가리지 않고 서원하고 본 그 행위가 증거이지요. 그 불안에 떨던 장군 입다가 자신감 없이 암몬왕에게 당당히 따지고 들리는 만무입니다. 그런데 자존심이 문제였던 것 같습니다. 대중 앞에서의 자존심. 잘못된 서원임을 깨달았을 때 부하들이 보는 앞에서 장군으로서 그 서원을 뒤집고 회개할 용기가 없었던 것은 아닐지 추측해 봅니다. 유연하고 하나님 앞에서 무릎 꿇고 회개할 줄 알고, 부하 앞에서 조차 그 삶을 살아가는 리더의 모습은 없는 것으로 보입니다. 즉 부하들 앞에서 자존심이 허락지 않는 거죠. 어찌 보면 대중추수주의, 즉 흔히 말하는 포퓰리즘의 원조가 아닐까 생각합니다. 마치 아론이 금신상을 만들어(출 32장, 신 9장) 백성들의 원망과 불안을 해결하고자 했던 것처럼 말이지요. 마치 민주주의란 이름으로 원칙과 소신은 저버리고 포퓰리즘에 빠진 극소수 정치인처럼.

입다의 불안과 내적 갈등은 건강치 못한 자존심과 연관이 있다고 봅니다. 자존심은 일개인의 과거사에 의해 영향을 받을 수는 있지만 그 영향력은 그리 크지 않습니다. 그보다 그 사회 문화가 강조하고 의미나 가치를 둔 인간의 품성이나 지위고하 같은 것에서 얼마나 주체적인 사람인가에 따라 건강한 자존심인지 아닌지 구분된다고 생각합니다. 건강치 못한 자존심은 살을 섞고 사는 부부 간에도, 그리스도의 지체요 한 형제된 교우관계에도, 나아가서 한 나라의 기둥을 뿌리째 흔들 수 있는 엄청난 뒤틀림이지요. 더욱이 우리 하나님, 자신을 버려 우리를 살리신 그 하나님의 조건 없는 약속과 성취를 조건적 약속과 성취로 뒤바꾸는 우를 범할 수도 있지요. 혹시 이런 우를 범했다면 하나님께 용서를 구하십시오. 이렇게 부하들 앞에서도 회개하는 모습을 보이고 당연히 무릎 꿇는 모습을 보여주는 리더! 그 리더가 더욱 멋지고, 따를만한 리더가 아닐까 생각합니다.

입다의 서원 이야기에서 주체는 하나님이며 또한 입다 자신입니다. 그리고 그 과정과 결과는 이야기의 두 주인공에게 모두 영광되고 복되어야 합니다. 하나님을 위한 것이어야 하며 그의 백성을 위한 것이어야 합니다. 여러분이 입다였다면 어떻게 하셨겠습니까?

10

세베대의 아들의 '기대치'

● 마태복음 20:20/마가복음 10:35 ●

제가 이 본문을 택해 놓고 몇 번을 읽다가 한동안 멍하니 앉아 있었습니다. 이 책을 쓰는 동안 여러 이야기 중 유독 이 본문이 저를 울컥하게 합니다. 왜냐하면 이제까지 끊임없이 저를 괴롭히던 주범이 여기에 있습니다. 저를 불안하게 하고, 제 옆 사람 때문에 섭섭해하던 것들, 그 섭섭함이 갈등으로 비화되고, 그 갈등이 커져 결국 그 사람을 미워하던 저의 바보스런 모습이 떠올랐습니다. 저를 못나게 만들던 주범을 보게 되었습니다. 스쳐지나간 관계들 속에서 왜 제가 그리 힘들어 했는지 다시 한 번 보게 합니다. 제가 어떻게 해야, 어떤 마음가짐을 가져야 하는지, 예수님을 따라 산다는 것이 뭔지 알면서도 그게 잘 안되는 것이 무엇인지 들켜버린 기분입니다. 누구를 만나든 조건 없이 순수하게 섬기려고 노력했으나 종종 제 의지와 상관없이 제 머리에 자동적으로 계산이 끼어듭니다. 그 주범이 '기대치'였던 겁니다. 인간관계에서 종종 저 자신을 괴롭히던 주범인 상대에 대한 기대치, 지금 이순간의 저 자신조차 한없이 바보스럽게 만들던 주범인 저 자신에 대한 기대치이었습니다.

세베대의 아들과 그 어머니는 예수님에게 자신들의 기대치를 드러냈습니다. 그들의 기대치로 인해 결국 제자 공동체에 문제가 생깁니다. 나머지 제자들이 화를 냅니다.

> "[20]그때에 세베대의 아들의 어머니가 그 아들들을 데리고 예수께 와서 절하며 무엇을 구하니 [21]예수께서 이르시되 무엇을 원하느냐 이르되 나의 이 두 아들을 주의 나라에서 하나는 주의 우편에, 하나는 주의 좌편에 앉게 명하소서…. [24]열 제자가 듣고 그 두 형제에 대하여 분히 여기거늘…"

충분히 이해가는 대목입니다. 한두 번 예수님의 기적 사건을 보았겠습니까? 당대 존경받고 신망받으시던 세례 요한께서도 인정하셨던 분, 말씀마다 권위 있는 가르침, 자신들의 눈앞에서 마귀도 쫓겨나는 그 기이한 현상(17:14), 자연도 순종하고 물위를 걸으시는 분(14:22), 어디를 봐도 영락없이 기다리던 그분, 메시아입니다. 그 메시아를 수년간 모시고 다녔으니 새로운 나라가 건설될 때 논공행상이 분명히 있을 것이란 추측도 당연합니다. 아무리 헌신과 희생, 겸손함으로 똘똘 뭉쳤다고 할지라도 예수님께서 새 나라에서 자신에게 베푸실 배려를 기대함은 인간이라면 당연한 것이지요. 그러니 다른 동료였던 제자들은 두 형제의 저 짓거리가 화도 나겠지요. 기대치는 자신만이 아니라 그와 관계한 대상들하고도 갈등과 불안을 만드는 주범이 된다는 것을 보여주는 사례가 오늘의 이야기인 듯합니다.

기대치란 이루어진 것, 즉 과거형이 아니라 이루어질 것에 대한 미래형이라고 우리는 흔히 알고 있습니다. 그런데 그 기대치를 가지게 한 요소는 과거의 어떤 사건에 있습니다. 그 어떤 사건을 경험한 후 '미루어 짐작'하는 것이지요. 말하자면 과거의 어떤 사건이 있었기에 현재를 살지 않고 현재를 건너뛰어 미래에 초점을 맞춘 해석이지요. 결국 과거형이라고 해도 과언이 아닙니다. 아주 단순하게 말하면 현재 지금 이 순간을 살지 않고 과거형 아니면 미래형으로 사는 거지요. 그 결과 추측과 예단이 심리적 기제로 남은 것이지요. 세배대의 형제와 그 어머니만이 아니라 제자들 역시 같은 이치라고 보여 집니다. 게다가 제자들에게는 예수님의 행적에 대해 확신할 수 있는 확고부동한 참고서가 있었습니다. 바로 자신들의 조상들이 믿어 의심치 않았던 유다주의의 힘/권력적 메시야 사상(사회문화적 담론)이었습니다. 즉 예수님 행적에 대한 자신들의 해석적 틀을 유다주의가 제공한 것이지요. 이와 같은 역사적이고 공동체의 담론은 개인에게 절대적 신념을 주기에 충분하지요. 여기서 문제가 됩니다.

만약에 유다주의적 메시야 사상과 자신들이 경험한 예수님이 다르게 나타났다면 이들은 아마 큰 좌절이나 혼란 혹은 어둠과 불안 그리고 갈등이 쌓일 수도 있었겠지요. 공동체의 신념과 자신의 신념이 어그러질 때 사람은 갈등이 쌓이고 불안해지기 시작합니다. 그러다 보니 가능한 공동체의 신념에 맞춰 살려는 경향을 인간은 보이게 됩니다. 이것을 인지주의 상담에 의하면 심리적 불안은 신념의 왜곡이나 신념의 불균형에서 온다는 것입니다. 마치 유다처럼 말이지요. 그러나 엄밀하게 보면 이 또한 현재 자신의 해석, 자신의 주체적 사고라고 할 수 없지요. 결론적으로 말해서 제자들은 지금 이 순간 예수님 그 자체를 경험하고 그분의 현재 이야기 자체에 귀를 기울이는 것이 아니라 사회담론이란 걸름망이 있는 것이지요.

그렇다고 해서 제자들을 몰아 부치기에는 그들이 피부로 경험한 예수님은 실로 엄청난 분이었기에 너무 심하다고 생각합니다. 제자들이 눈으로 본 예수님의 기적과 귀로 들은 그 경이로운 가르침은 그들의 눈에 해태가 끼게 할 수 있는 충분한 요소이기 때문입니다. 그러니 자연스럽게 기대치가 형성된거죠. 마치 행동주의 심리학자인 스키너Skinner가 그 유명한 파블로프의 개 실험을 통해 설명한 것과 같지요. 인간의 수차례의 경험은 그 인간에게 자동화 사고나 행동을 일으키게 한다는 것과 일맥상통합니다. 즉 학습된 것이 습관으로 굳어지면서 그 습관과 학습체계와 다르게 전개되면 인간은 불안해지고 갈등이 일어나는 것입니다. 그런데 문제는 인간의 학습 행위는 끊임없이 자신 앞에 나타나는 '낯선 것에 대한' 것을 '이해하고', 그 낯선 것을 극복하기 위한 '생존행위'입니다. 그러므로 학습은 끊임없이 이루어져야 하고 그것도 현재 행해져야 하는 것입니다. 즉 '항상' 오늘 이 순간은 낯선 것입니다. 왜냐하면 시간은 나의 것이 아니라 신의 영역, 즉 바로 앞의 시간은 누구도 조정 통제할 수 없기 때문입니다. 그렇다면 예수님의 신적 권위를 인정한 제자들이라면 시간적 개념과 미래적인 것은 낯선 것에 대한 학습이어야 하지 결코 자신들이 규정해서는 안되는 것입니다. 그런데 이들은 그것을 기대치란 심리적 기제로 자신들이 미래 시간과 환경을 규정하려는 교만과도 다름이 아닙니다.

정리해보자면 기대치는 불안을 일으키는 한 요소라 할 수 있습니다. 그 불안은 현재를 살지 않고, 내일에 대한 자신의 교만에 의한 것이라고 할 수 있습니다. 신앙인이 흔히 말하는 '내려놓고 맡기는 삶'이 아니지요. 이건 누군가를 조정 통제하려는 의식이며 불가능한 시간을 자신의 영역에 두고자 하는 착각이나 다름이 없습지요. 그러다보니 현재의 시간과 경험에 집중하지 못하고 늘 내일 혹은 일어날지 안 일어날지 모르는 불확실한 것에 대해 나름의 이유(과거 경험 혹은 사회문화적 담론)를 들어 당연시하는 개인의 심리입니다. 제가 이 기대치를 '교만' '착각'이란 조금은 강한 단어를 사용한 이유가 있습니다. 왜냐하면 누구도, 어떤 것도 '나' 자신에게 기대치를 가지라고 하지 않았습니다. 물론 누군가 무엇인가를 약속했을 우리는 기대치를 가질 수도 있지요. 그럴 때 우리는 그분이 당연히 해 주리라 기대를 하게 되지요. 이 역시 사실은 시간 영역입니다. 약속한 사람이 사기성 농후한 인격의 소유자가 아닌 이상엔 당연히 약속을 지키고 싶었을 것이고 진심이었을 것입니다. 그러나 약속을 지키고 안 지키고는 약속한 자의 의지와 영역 외에 플러스알파 즉, 신의 영역, 시간이란 미지의 영역이 예외적인 상황을 도출할 수도 있다는 것입니다. 그런데 우리는 약속한 사람을 '믿는다'고 합니다. 사람은 믿음의 대상이 아니라 사랑의 대상임에도 불구하고 말이지요. 하나님만이 믿음의 대상이지요.

결국 자기 교만에서 만들어진 심리적 기제는 엉뚱하게 다른 심리적 기제로 일파만파 됩니다. 자기가 기대치를 가지고 그 기대치가 채워지지 않으면 상대에게 실망을 합니다. 실망을 몇 번 거듭하다 보면 이제 미워지기 시작합니다. 그 미움이 복수, 혹은 배신이란 단어가 우리 심리에 자리하게 되지요. 배신당했다느니 복수하고 싶다느니 하곤 말합니다. 배신/복수란 심리적 기제는 반드시 타인에게 당했을 때에 일어나는 현상만은 아닙니다. 또한 그로 인한 억울한 심정으로만 정리될 성질의 것이 아닙니다. 자신의 기대치가 어그러짐으로 인해 복수/배신의 감정을 가지기도 합니다. 즉 복수/배신은 타인과 상관없는 개인의 내적 충돌일 수 있다는 것입니다. 복수/배신이란 심리가 암시하는 또 다른 심리는 "나 알아줘" "너도 내 처지가 되어 봐라"라는 것이지요. 사실 기대치는 상대에게 우리 자신이 미루어 짐작한 '나'의 마음임에도 불구하고 우리는 기대치가 어그러지면 그 사람이 밉고 심하게는 배신이라는 생각까지 합니다. 그리고 부글부글 속이 타면서 너도 한 번 당해봐라 하는 것이지요. 결국 주위까지 불편하게 만듭니다. 이러한 우리의 심리현상이 건강하다고 볼 수는 없지만 그렇다고 결코 병리라고까지 말할 것은 아닌 듯합니다. 왜냐하면 우리는 사회적 피조물이니까요.

기대치는 결국 자신을 위한 것입니다. 그런데 우리가 사회적 피조물이기에 누군가에게 기대고, 자신의 것을 채우기 위해 누군가는 필요로 합니다. 이런 우리에게 예수님은 어쩌면 조금은 엉뚱하고 합리적이지 않은, 즉 과학주의가 그리 내세우는 비합리적인 가르침을 주십니다. "으뜸이 되고자 하는 자는 더욱 분발하고 최선을 다하라"라고 하시지 않네요. 도리어 "섬기는 자"(26절), "종이 되라"(27절) 하시네요. 그리고 당신의 역할도 권력을 가지려 하지 않고 도리어 "섬기려 하고…목숨을 많은 사람의 대속물로 주려 함이니라"(28절)라고 합니다. 역설적 가르치심이지요. 저의 버전으로 하면 나를 채우기 위해 타인을 채워주는 것이지요. 그것이 하나님이 만드신 사회적 피조물의 신비요 교회의 신비이지요. 우리는 압니다. 교만한 자보다 겸손한 자가 인기 있고, 앞에 선 자보다 섬기려는 자에게 우리는 더 가치를 둡니다. 그러면서도 우리 중에는 인기 있는 사람, 앞에서 진두지휘하고 싶은 분도 있습니다. 그렇다면 예수님 말씀대로 겸손하게 섬기면 인기 있고, 으뜸이 될 수 있을 것입니다. 그런데 알면서도 아이러니하게 인기와 으뜸을 위해 교만해지고 앞에 서서 꼴불견이 될 때가 있습니다.

제가 생각하기에 이런 현상은 누군가를 채워줌으로 해서 충분히 채워지는 경험 부족이 아닌가 싶습니다. 앞의 부부의 신비에서 언급한 것이지만 채워 줌과 채움의 신비는 모르는 사람, 멀리 있는 사람에 의해 이루어지는 행위가 아니라 가장 가까운 곳에 있는 사람에게 실천할 때가 가장 만족스러운 것이지요. 한 명과 있으나 천하와 같은 사람이 있고, 천하를 만남에도 한 명으로 인해 늘 허전한 사람도 있습니다. 즉 오늘 세베대의 아들과 제자들은 한 분으로 족한 것이 아닐 수도 있었던 것입니다. 그분을 통해 '이왕이면' 권력도 얻고 싶은 거죠. 제자들에게는 예수님 자체가 권력이어야 했고, 예수님과 같이 있는 곳, 그곳이 천국이었고 새 하늘과 새 땅이었어야 했으나 워낙 오랜 동안 기존 땅, 기존 하늘에 익숙하고 학습되어 있었기에 '지금 여기에 계신 천국, 새 하늘과 새 땅'을 만끽하지 못하고 있는 것이지요. 마치 저희들이 예배를 드리는 그 순간이 천국이면서도 집안 일 걱정 하듯, 마치 지금 여기에서 성령님의 감동으로 예배의 감격에 쌓여 있으면서도 성령 충만하게 해 달라고 기도하는 사람처럼.

본문에서 예수님의 가르침의 또 다른 중요성은 새 하늘과 새 땅의 주인은 누구냐는 것입니다. 그런데 제자들의 기대치는 기존 하늘과 기존 권력을 전제로 합니다. 그러다 보니 불안과 갈등을 피할 수 없는 것이지요. 기존 하늘은 생존이란 이름으로 우리에게 끊임없이 경쟁하게 하고, 비전과 목표란 이름으로 현재 자신의 상황을 끊임없이 발전하고 성장하라고 채찍질 합니다. 그럼으로 인해 우리는 현재 자신을 만족해하지 못하는 불만족, 즉 현재를 늘 불안하게 살고 갈등하며 살게 하지요. 그러다 보니 누구를 채워 준다는 것이 기존의 하늘과 땅에서는 적당한 삶의 처세가 아니지요. 너무도 오랜 동안 우리는 이러한 처세에 익숙해져 있었습니다. 이런 이유로 인해 기존 하늘의 사람과 새 하늘의 사람은 양립할 수 없다는 것입니다. 그러나 예수님은 우리에게 새로운 질서를 부여하셨습니다. 새로운 권력

체계와 인기 비결을 말씀해주셨습니다. 이것이 기대치가 되어야 합니다. 우리의 기대치가 새 하늘과 새 땅에 있다면 섬김에 족하고 종이 됨에 그 은혜가 족하다는 고백이 나오지 않을까요?

우리에게 귀한 모델이 한 분 계십니다. 주님의 위대한 종 모세이십니다. 지도자 모세께서는 온갖 고생은 다 하시고도 새 하늘과 새 땅에 들어가지 못하셨습니다(신 3:23). 그 이유를 대부분의 주석이나 해설서에는 모세가 화를 냈다는 둥, 당신 마음대로 하신 부분이 있어 하나님께서 꽁하고 계셨던 것이지요. 그러다 목표가 코앞인 곳에서 보란 듯이 한 방 날리신 참으로 냉정하시고, 야멸찬 분으로 묘사 되더군요. 고대 근동에 회자되던 그 어떤 신들과 전혀 다름이 없는 그런 신중의 한 분a god of gods이시더군요. 그런데 본문에 묘사되는 이 이야기를 눈을 감고 천천히 필름 돌리듯 상상해 보면 결코 야멸차고 꽁하신 하나님과 그 벌을 받는 그분의 종 모세의 느낌이 아니라 마치 칭얼대는 아들과 그걸 달래며 다독이며 무엇이 더 귀하고 중요한 것인지 설명하고 있는 아버지의 느낌으로 다가옵니다. 그보다는 지도자 모세는 새 하늘과 새 땅에 들어갈 수 없는 어쩔 수 없는 운명을 가진 분입니다. 그럼에도 불구하고 지도자 모세는 가장 큰 보상을 받았습니다. 가장 사랑하는 하나님, 가장 가까운 분과 생의 마지막을 함께 했습니다. 그 자리를 기꺼이 하나님께서 같이 계셨습니다.

사백년 동안 애굽 생활을 하던 이스라엘은 자신들도 모르게 기존 가치와 삶의 방식이 학습되었고, 어쩌면 DNA자체가 애굽 생활에 익숙해져 버렸습니다. 그러기에 그 피를 갈아엎기 위해 40년 광야생활을 할 수밖에 없었습니다. 그 광야를 거치는 동안 무수히 많은 전쟁을 했습니다. 그 동안 엄청난 암투, 투쟁, 모사, 심리적 갈등, 분열과 통합 같은 일이 있었을 것입니다. 그것을 진두지휘하던 지도자 모세였습니다. 그 와중에 모세는 때론 분노하고, 때론 전략가여야 했을 것입니다. 어쩌면 그의 하나님에 대한 신심은 일점일획도 의심의 여지가 없을 것입니다. 그러나 전쟁과 전략, 때론 패역에 가까운 이들을 이끄다 보면 심리적인 것이나 행동적인 것이 광야의 DNA로 굳어질 수도 있습니다. 이런 사람은 혁명 시대에는 족할지 모르지만 새 하늘의 질서에는 부합되지 않는다는 뜻이 아닐까요? 아무리 하나님의 특별한 사람일지라도 새 하늘과 새 땅의 주인이 될 수 없다는 것이 하나님의 뜻이 아닌지 추측해봅니다. 그래서 가나안을 목전에 두고 위대한 지도자 모세는 그 은혜가 족한 줄 알아야 했지 않았을까요? 그러기에 광야 2세대만 들어 갈 수 있는 땅이 아니었을까요?

우리는 압니다. 성령님께서 함께 해 주시는 곳이 천국이고 그분이 떠나신 곳이 지옥이란 걸, 아무리 황금길, 천금길이 있는 천국이라 할지라도 하나님께서 계시지 않는 곳은 지옥과 진배없다는 것을. 지금 여기에서 예배드리는 이 순간이 천국이고, 오늘이면 내일을 볼 수 있을지 없을지 모를 내 코앞의 사람과 만리장성을 쌓아야 한다는 것을 우리는 압니다. 우리에게 있는 새 하늘과 새 땅-그것이 행복 추구든, 물질 추구든, 권력 추구든 뭐든 간-에 대한 기대치가 채워짐은 결국 내 옆에 누가 있느냐의 문제임을 우리는 압니다. 새 하늘과 새 땅은 우리 주님의 손에 달려있다는 것도 압니다. 또한 그분은 항상 우리와 함께 하심도 압니다. 그럼에도 불구하고 우리는 또 다른 새 하늘과 새 땅에 목매여 있지는 않은지요? 마치 세베대의 아들과 제자들처럼.

11

총리 요셉 이야기

● 창세기 46장 ●

왜 우리는 성공주의적인 요셉이야기에만 매료되어야 할까요? 왜 우리는 자본주의의 어두운 면이 짙게 깔린 요셉의 이야기는 성공신화 속에 감춰지는 거죠? 형제 앞에서 대인 기질을 보였던 총리 요셉은 다른 한편 매점매석을 통해 자기가 섬기는 나라의 부를 축적했고 그 부는 근동의 약소 부족을 모두 먹여 살릴 정도로 엄청난 것이었습니다. 과연 하나님의 입장에서 이 부분을 기뻐하셨을까요? 총리 요셉이 하나님께서 주신 지혜로 개인의 성공과 형제들에게 당한 아픔도 용서로 풀어낸 마당에 왜 이런 엄청난 음모를 벌인 걸까요? 그리고 야곱의 가족은 애굽에 자리를 잡게 되고, 총리 요셉이 가족을 위해 어떤 좋은 마음이 있었을지라도 결과적으로 애굽의 종살이 사백년의 세월이 기다렸던 이 상황을 무조건 하나님의 '크으~~신 계획'이라고만 할 수 있을까요? 제가 지금 결과론적으로 말씀 드리는 것에 불과한 것은 인정합니다. 절대로 오해는 마십시오. 하나님의 전 역사적 경륜과 섬세하신 하나님의 개입하심을 부정하는 것은 아닙니다. 다만 저는 요셉의 이야기 속에서 권력의 교만을 보고, 그 교만이 평생을 지켜왔던 정체성을 갉아 먹을 수 있다는 것을 봤습니다. 제가 말하는 권력이란 인간 요셉 자체를 말함도 아니고 정치권력에 국한 한 것도 아님을 미리 말씀 드립니다.

꿈 많은 어린 시절을 지나기도 했지만(37:7) 형제들 앞에서 교만한, 혹은 철없는 아이였음도 눈에 띕니다(37:5). 아버지의 사랑을 독차지해서(37:3) 그런지는 모르겠지만 형제들에게 미움을 받고 기어코는 형제들 사이에 갈등의 불씨가 되기도 합니다(37:8). 성적 유혹에 눈 하나 깜짝하지 않는 놀라울 정도의 윤리의식은 있었지만(39:10) 주의력 있는 조심성은 없었던 듯합니다(39:11). 혹은 자신의 주인에게 그 정도의 신임은 받지 못한 듯합니다. 그러나 하나님은 요셉의 삶을 범사에 형통하게 하셨습니다(39:23). 그 형통의 과정 중 하나로 요셉의 고통의 나날, '그럼에도 불구하고' 하나님이 주신 지혜로 바로의 눈에 들어 더 높은 권력자가 되었습니다(41:40). 그로 인해 그리 보고 싶던 부모형제를 만나고, 마음에 묻었던 형제들과의 아픈 상처의 치유의 과정을 거칩니다.

그러나 결정적인 문제는 하나님이 주신 그 지혜를 사용한 곳은 기근을 해결한다는 명목 하에 매점매석이었습니다. 인류의 매점매석 원조가 된 거죠(41:57). 이것이 얼마나 큰 죄이고, 하나님의 통치를 부정하는 결정적인 행위란 것은 안식년과 희년법을 통해서 충분히 알 수 있지요. '땅의 주권'은 땅의 권리를 넘어 하나님의 통치 이념임을 분명히 밝혀 주는 법입니다. 그런데 요셉은 그 땅(식량)을 가지고 약소부족을 사단화 했습니다. 결과적으로 야곱의 가문은 애굽의 안정된 먹을거리에 안주하게 되지요. 정체성 하나로 돌베개를 배고 자던 그 '야성'은 서서히 좀먹게 되고 결국 사백년 동안 노예로 전락하게 됩니다. 기름진 뗏장 앞에서 과감히 불리함을 선택하셨던 요셉의 증조부님 아브라함, 십사 년 동안 타향에서 그리 고생을 하면서도 자신의 정체성을 결코 타협하시지 않았던 아버지 야곱. 그렇게 물려받았던 정체성, 즉 '광야'의 삶에서 키웠던 야성과 정체성은 거대한 '문화 권력' 앞에서 서서히 무너지고 말았습니다. 결과적이긴 하지만 애굽의 사백년 종살이를 만든 장본인 요셉을 어이 우리는 성공신화에 묻어버리려고 할까요?

안식년과 희년법만이 아닙니다. 이쯤에서 요셉의 지울 수 없는 죄를 고발하기 위해 믿음의 조상 아브람(창 12장) 이야기를 끌어 들여 보겠습니다. 저의 모친께서 올해 79세 이십니다. 그런데 그 연세 많으신 어머님을 모시고 물설고 낯선 곳으로 이주할 수 있을까? 제가 예배 중에 아주 강력한 하나님의 감동을 받았다고 할지라도 전 자신 없습니다. 아마 그래서 하나님은 저에게 그런 명령도, 그렇게 크고 창대한 축복도 주시지 않았을지 모르지만요. 여러분은 어떠세요? 아무튼 성취되지 않은 약속 하나(창 12:2)만 믿고 75세의 노구(4절)를 이끌고 대대손손 살아왔던(1절) 고향을 등진다는 것, 이 아브람의 행위를 단순하게 믿음이란 것으로 등치시켜 버리기에는 어딘가 부족함을 느낍니다. 왜냐하면 그 이후 아브람이 보여준 행위는 대단한 믿음의 사람이라기보다는 저희와 똑같은 필부일 수밖에 없음을 보여줬기 때문입니다(11절). 즉 아브람의 믿음 행위 이전에 하나님이 전하시고자 하는 메시지에 초점이 있기 때문입니다. 그것은 바로 정체성의 문제입니다.

인간에게 고향은 무엇일까요? 어디를 고향이라고 할 수 있을까요? 하늘의 기근을 피할 수 있는 방법이 있기는 할까요? 권력 앞에 한없이 작은 자가 되어 자신의 여자도 지키지 못하던 아브람이 권력 앞에 당당히 설 수 있게 하는 것은 무엇일까요? 눈앞에 펼쳐진 목초지에서 불리함을 알면서도 갈등하지 않고 흔쾌히 불리한 선택을 할 수 있는 그 힘은 어디서 나올까요? 저는 이 모든 것의 답은 정체성의 문제라고 생각합니다. 그 정체성 문제를 하나님께서는 아브람을 통해 아브라함과 우리에게 가르침을 주시는 것이 아닐까 싶습니다. 수도 없이 부딪칠 환경적 장애물, 인간과의 갈등, 심리내적 불안들이 있을 때마다 좌표를 잡아 주고 주체적인 선택을 할 수 있게 하는 것은 어디에서 사느냐, 무엇으로 사느냐, 누가 돕느냐가 아니라 "너는 내 자녀야"라는 확고부동한 정체성, 이것을 하나님이 가르치시고자 한 것이라고 생각합니다. 물리적 장소가 고향이 아니라 하나님과 함께 있는 곳 그곳이 고향이요, 기근을 피할 방법을 찾기 이전에 정체성을 확고히 하는 것이 우선이라는 거죠.

고향을 떠난 야곱이 광야에서 돌베개를 베고 잘 때도, 그 한잠을 버틸 수 있었던 것은 '나는 하나님의 사람'이라는 정체성. 분리 불안의 대표주자인 사무엘 선지자께서 어린 시절 양육자와 떨어져 혼자 지낼 수밖에 없던 상황 속에서도 정신 병리로 시달리시지 않고 일국의 지도자로 설 수 있었던 것도 정체성이라 생각합니다. 마르다가 자기 일에 대한 비교우위를 가지지 못하고 타인과 비교 갈등에 싸인 것도, 심리내적 불안으로 인해 장군답지 않은 선택을 한 사사 입다도, 전쟁은 생물학적 우위도 아니고 무기의 차이가 아닌 정체성과의 싸움임을 보여줬던 다윗과 이스라엘 군대의 모습에서도, 야곱의 노년에 몰아친 고향 땅의 기근에서도, 형제로부터 팔려가는 고통과 주인 마나님의 유혹, 그리고 컴컴한 감옥 생활에서도, 권력 앞에서 당당할 수 있었던 요셉의 그 당당함도 결국 "나는 하나님의 사람"이라는 정체성에서 나왔다고 저는 생각합니다. 앞에서도 언급했지만 우리에게 끊임없이 다가오는 선택의 순간들 속에서 우리의 좌표가 되는 것은 양질의 정보나 누구의 도움이 아니라 확고한 정체성이라 생각합니다. 정체성은 우리의 행동양식을 지시합니다.

문제는 이 정체성의 무서운 적이 뒤에 숨어 있습니다. 소위 말하는 사회문화 이야기 즉, '거대 담론meta-discourse'이라는 것입니다. 마르다와 마리아 이야기에서 잠깐 언급했지만 우리의 정체성은 사회문화가 이미 규정해주고, 지대한 영향을 미치게 하지요. 그래서 저희 이야기치료사들은 정체성이란 태어나면서부터 '획득' 된다고 생각합니다. 이런 불합리함을 벗어나기 위해 상담에서 주체성을 강조하는 것이고 의도적으로 이 사회문화를 벗고 새로운 관점을 찾아 보려 노력해야 된다고 이미 언급했던 것입니다. 예를 들어, 남존여비가 분명한 사회에 우리가 태어났다면 태어나면서부터 여성과 남성의 정체성은 이미 주어지는 거죠. 그리고 그 남녀는 커가면서 남자로서 여자로서 그 사회가 요구하고, 강조하는 방향으로 만들어지지요. "남자가 쩨쩨하게 말이야…, 여자가 조신하지 않게 그게 뭐야"란 것들이지요. 그런데 여기서 더 무서운 것은 이러한 사회문화적 요구와 강조점이 '신념'으로 굳어지는 것입니다. 그 신념은 교육이란 이름으로 윤리, 도덕이란 틀로 둔갑해서 존재하기도 하고 보편적이고 상식적인 것이라고 우리의 생각 속에 자리하고 있습니다.

이 담론은 우리가 태어나기 이전부터 이미 사람들의 신념으로 굳어져 있었고, 우리들의 모든 행동과 삶 전반에 영향을 미치고 있습니다. 그러니 우리는 태어나면서부터 이런 담론에 대해 아무 의구심도 질문도 없이 당연시합니다. 즉 담론 자체가 우리 공동체에서 자체적인 지위와 권력을 가지고 있는 것입니다. 사람만이 권력과 지위를 갖는 것이 아닙니다. 문화자체도 권력(푸코: M. P Foucault)을 가질 수 있습니다. 마치 살아있는 생물처럼 이 담론 자체가 이런 저런 논리를 더하고 대물림하는 것이지요. 즉 재생산구조를 가지고 있습니다. 마치 생물은 누가 키우지 않아도 나고, 성장하고, 소멸하고 다시 싹이 나듯 말입니다. 이것을 사회화 과정으로 이해해도 될 듯합니다. 이 과정 속에서 역사적, 사회적, 정치적, 문화적 교육적 신념과 의미와 가치란 옷을 입게 됩니다.

이러한 담론은 문화와 밀접한 연관이 있고 마치 쌍생아처럼 담론이 문화를 조정 통제하는지, 문화가 담론을 만드는지 구별하기 어렵습니다. 즉 문화에 담론이 녹아 있는 것으로 문화적 활동을 한다고 보면 될 듯합니다. 예를 들어, 전철 안에서 어느 중학교 여학생이 앉아 있는데 그 앞에 노인께서 서 계십니다. 그걸 보고도 여학생은 자리에 그대로 앉아 있습니다. 그러니 옆에 있던 어떤 중년 남성이 야단을 칩니다. "어이 학생 할머님께 자리 양보해 드려야지..이게 뭐하는 짓이야?" 여학생이 그 중년을 뻰히 쳐다보면서 "아저씨 저도 지금 피곤해 죽겠거든요" 그러니까 중년이 말하기를 "아휴 이 싸가지 없는…도대체 학교에서는 뭘 배우고, 가정교육이 아주 엉망이구만…"이라고 합니다. 이 장면을 뉴욕의 지하철로 옮겨 보면 우리와 비슷한 상황이 벌어졌을까요? 싸가지가 있고, 교육이 문제가 될 수 있을까요? 바로 장유유서, 어른을 공경한다는 우리의 담론이 윤리 도덕이 되고 교육적 가치가 되어 있는 것입니다. 이 가치가 우리의 문화 속에서 신념으로 굳어 진거죠. 그러다 보니 이 중년은 자신의 행위가 의로운 것이라고 믿게 하고 중학생은 싸가지 없는, 혹은 교육 받지 못한 못된 녀석으로 규정되는 것이지요. 여기서 한 발 더 나가면 이제 아이는 낙인이 찍히게 되고(낙인이론), 자신은 문제아가 아니라고 생각하면서도 자신도 모르게 자신을 문제아로 낙인찍고 살지요.

죄가 죄인 것이 아니라 담론이 죄인을 만드는 대표적인 시대가 이스라엘의 율법시대였습니다. 배고파서 밀 이삭을 조금 비벼 먹었다고 죄인으로(마 12:1-8; 막 2:23-28; 눅 6:1) 낙인찍히던 문화. 담론 자체가 병자. 몸이 불편한 사람조차 죄인(요 9:1-12)되게 만드는 세상. 이런 문화 속에서 과감히 담론을 재해석하시고, 담론의 부정적인 굴레는 거둬내시고, 담론의 원뜻을 일깨우시고 완성된 의미를 가르치십니다. 제자들조차 맹인을 죄인으로 여기고 죄의 근원을 예수님께 여쭙니다. 마치 우리들이 인과론으로 문제를 해결하려는 경향처럼 문제의 근원, 원인을 묻고 있습니다. 그런데 예수님은 의외의 말씀을 하십니다. 중풍병자에게 "병이 나았느니라" 하시기보다는 죄 사함을 선포하신 것(눅 5:21)과 비슷한 맥락으로, 실로암 못가의 맹인에게도 예수님의 죄의 문제로 맹인된 걸인을 보지 말라고 하십니다(요 9:3). 이 대목을 통해 우리는 사회문화 담론(율법)이 줄쳐 놓은 '죄'와 '병', '자유함'과 '고침(치유)'에 대한 인식과 예수님의 다른 인식을 볼 수 있습니다.

이렇게 문화 권력은 우리의 삶에서 상당히 많은 부분을 죄와 병의 기준을 만들어 냅니다. 앞에서 예를 든 전철 상황에서도 보듯 누가 시키지도 않았는데 의로운 분노는 싸가지 없는 사람을 만들게 된 연유 또한 담론이지요. 즉 그 문화 안에서 의미와 가치를 전달하는 전달자의 역할을 충실히 수행하는 겁니다. 이 의미와 가치가 바로 우리의 생각, 행동양식, 삶의 방식에 대한 기준이 되고 규범과 표준의 역할을 합니다. 바로 전철 안에서 한쪽은 의로운 자가 되고 한쪽은 문제아가 되는 것처럼 말이지요. 문제는 여기에 있습니다. 이 의미와 가치가 '꼭', '반드시', '절대로'란 단어와 붙게 되는 경우가 많습니다. 그럴 때 선택의 다양성은 좁아지고 '왜' 꼭이어야 하는지를 묻기에는 한 개인에겐 너무 과중한 부담이지요. 왜냐하면 그런 질문을 하게 되면 이상하거나 아웃사이더가 될 수도 있기 때문입니다. 이것을 심리학자 호나이K Horney는 "의무감의 학대"라고 까지 했습니다. 이 신념에 순종하면 보편적인 사람이 되는 거고 그 신념에 의문을 던지면 신념의 희생양이 되어야 하는 거지요. 이러한 신념들이 삶의 다양성보다는 획일성과 통일성으로 몰고 가지요.

예를 들어, 제가 피곤한 몸으로 전철을 탔습니다. 저도 앞에 중학생과 같은 상황이 벌어졌습니다. 그래서 저는 너무 피곤한 나머지 못 본체 하고 눈을 감고 잠을 자는 척했습니다. 그런데 가슴이 뛰고, 얼굴이 화끈 거리고 누군가가 저를 보며 손가락질 하는 것 같고 엉덩이는 왜 그리 따가운지요. 지금 저에게 아무도 눈치를 주지도 않고, 뭐라 하지도 않고 제 엉덩이를 차지도 않았음에도 불구하고 저 혼자 힘들어 합니다. 누가 그랬습니까? 문화가 양심이란 이름으로 둔갑해서 저를 조정 통제 하는 거지요. 이것이 문화 권력의 힘입니다. 한 개인의 행동양식에 심리 내적인 것까지 관여하는 것이지요. 때론 시민 의식이란 이름으로, 어떤 경우에는 도덕이란 것으로 말입니다. 물론 오해는 마십시오, 지금 제가 우리의 예쁜 미풍양속을 무시하자는 것이 아닙니다. 다만 문화 권력을 설명하기 위한 하나의 예에 불과합니다.

아주 쉽게 말하면 담론이란 우리의 선글라스와 같은 것으로서 우리가 보고 경험하는 모든 것에 대해 해석의 잣대와 행동의 기준으로 작용하지요. 이것이 우리의 대화에도 끼어들어 직간접적인 영향과 배경을 제공합니다. 즉 우리는 결국 담론이 제공하는 울타리 안에서 대화하고 논쟁하고 갈등하고 불편해하는 거지요. 서로 차이를 느끼는 것 같지만 큰 울타리 안에서 생각해보면 대동소이한 차이일 뿐이지요. 왜냐하면 담론이란 것은 우리가 생각하는 것보다 거대하고 넓게 그리고 세세하게 우리의 삶에 개입되어 있거든요. 그것이 역사성을 가지고 내려왔고 그 시대의 주류사회를 유지해주던 신념, 다시 말하면 누군가의 선망의 대상인 행동양식과 삶을 지탱해줬던 것이거든요. 하다못해 우리의 음식 취향까지도 규정됩니다. 재미난 예를 하나 들어 들이지요. 서양의 중세시대 분들은 후추를 듬뿍 넣어서 매우 맵게 음식을 요리했답니다. 왜냐하면 당시 후추는 부자, 귀족의 전유물이었답니다. 한동안 영국에서는 일본식 젓가락 사용을 잘하는 것이 자랑거리였다지요. 왜냐하면 젓가락을 잘 사용한다는 것은 스시 집을 자주 간 것이고 스시 집을 자주 갔다는 것은 부자의 표증이니까요. 우리가 즐기는 커피나 맥주가 그와 같은 과정을 거쳐서 대중화되었다는 것은 이미 알고 있는 사실이구요.

여기서 문제가 발생하지요. 담론에 의해 한편으로 소외계층이 반드시 생긴다는 것이고 다른 한편으로는 그 소외계층이 바라보거나 모방하고 싶은 대상이 된다는 것입니다. '시간은 금이다'란 명제에 질문을 던질 분이 있습니까? 왜 시간이 금이지요? 왜 우리는 당연하게 이 명제를 받아들였지요? 제가 생각하기에는 이 명제에 적합한 사회는 생산성과 효율이 강조된 사회일것이고, 그 사회에서 시간을 금쪽같이 사용함으로 해서 성공한 성공 신화들에게 가장 적당한 명제이지요. 그런 사회에서 성공신화들은 필부인 저 같은 사람들이 닮아가고 싶거나 최소한 박수를 받게 되지요. 여기서 불안과 갈등이 싹틉니다. 우리가 의식하고 그러는 것은 아니지만 담론이 쳐놓은 그물망에서 벗어나면 어쩌나, 그 담론이 보라고 하는 깃발에 도달하지 못하면 어쩌나, 혹은 내 주위에 누군가가 담론의 주류일 때 보내는 부러움의 시선들이 바로 그것이지요. 왜냐하면 담론은 심지어 우리의 꿈, 목표, 삶의 의미와 가치까지 재단하려 들기 때문이지요. 꿈 자체가 의미가 있는 것인지, 누구를 위한 꿈인지, 무엇을 위한 목표인지에 대해서는 크게 염두를 두지 않게 되지요. 이미 그 사회의 문화권력이 그런 질문을 우리 마음속에서 봉쇄했기 때문입니다. '시간은 금'이니까요.

요셉의 이야기를 가지고 제가 이렇게 오랫동안 담론에 대해 말씀드린 이유가 있습니다. 왜 저는 요셉의 이야기를 성장주의, 성공 신화로만 봤어야 할까요? 그보다 더욱 제 자신에게 심각한 것은 요셉 이야기를 통해, 요셉의 성공을 통해, 하나님은 우리에게 그리고 요셉에게 무엇을 원하셨을까요? 드라마틱한 한 개인의 성공과 부, 그리고 개인의 한을 풀고 용서하는 과정을 보여주고 싶어서 일까요? 하나님께서는 무엇을 말씀하시고 싶으셨는지 저는 왜 질문하지 않고 생각도 못했을까요? 부끄럽습니다만 신앙인으로서 하나님의 뜻대로 산다고 하면서도 성공하고 싶었고, 자본주의 민주시민으로서 누군가에게 우러러 보이는 사람이 되고 싶어서 그렇게 봤을지도 모르겠습니다. 아니면 이제껏 늘 듣던 목사님의 설교에 아무 의심도 질문도 없이 받아들였던 것은 아닌가 싶습니다. 이 시대가 좋아할만한 화두가 요셉의 이야기에는 많이 있으니까요. '꿈과 비전'도 있고, '고난과 역경' '유혹과 핍박' '극복과 성공' '용서와 화해' 어느 하나 빠질 것 없는 이야기이지요.

그래서 다시 한 번 재구성해보고 싶었습니다. 만약에 제가 아버지 야곱의 삶과 그 철학을 분명하게 마음에 새기고 살던 요셉이었다면 저의 해골을 메고 올라가라(50:25)고 후세에게 유언을 남겼을까? 혹시 만약에 식량 안보가 큰 이슈가 되고 있는 이 시대에 요셉의 사건이 재연되었다면? 물질주의와 성공주의가 중요한 가치이며 개인 삶의 목표 혹은 잣대가 주류인 이 시대에 요셉 사건이 재연된다면 과연 나는 형제와 내 고향 사람들을 어떻게 도왔을까? 참으로 자신 없는 질문들이 계속되었습니다. 물론 저의 천박하고 일천한 신학적 지식으로 요셉의 이야기 속에서 하나님의 더 깊은 뜻과 경륜을 알 수는 없기에 단순하게 저의 입장에서 짚고 넘어가보고 싶었습니다.

12

예수님은 유다에게 좋은 스승이었을까?

● 마태복음 27장 ●

본문을 선택하면서 과연 이 부분을 다루어도 될지 많이 고민했습니다. 성경에 나오는 인물들과 그에 얽힌 이야기들에 시비도 걸어보고 다른 방향에서 질문하는 것은 그리 크게 마음 불편하지 않았습니다. 그러나 예수님을 직접 언급한다는 것이 너무 무겁고 불경한 생각이 들었기 때문입니다. 왜냐하면 바로 이 질문입니다. 과연 내 사랑 예수님은 제자 유다에게 정말 좋은 스승이셨을까요? 제자 유다가 정말로 돈에 눈이 멀어서 예수님을 판 것은 아니었을 것이라는 것은 그가 예수님을 팔아넘기고 받은 대가가 너무도 미미해서 그렇게 추측하기에는 너무 가볍지요. 그렇다면 문제는 예수님께 넘어 갑니다. 본문에서도 언급되듯이 스승 예수님은 제자 유다의 결말을 이미 알고 계셨다고 추측 가능합니다. 이 부분에서 저는 불경한 질문을 하게 됩니다.

예수님은 과연 좋은 스승이셨을까요? 나쁜 스승이셨을까요? 혹시 여러분께서 누군가에게 이런 질문을 받으셨다면 여러분은 지금 이 불경한 질문에 여러 방법으로 답하려고 하지는 않으신지요? 혹은 만약 여러분이 여러분의 목사님이나 교회 지도자에게 이런 질문을 했다면 어떤 반응이 나올 것 같습니까? 그분들 역시 여러분처럼 답을 내리려 하시지 않으실까요? 아니면 감히 이런 질문을 할 수도 없는 교회 문화 속에서 계시나요? 결론부터 말씀 드리자면 저도 모릅니다. 왜 예수님께서는 아시면서도 제자 유다가 지옥으로 걸어가는 것을 보고만 있으셨을까? 설마 예수님께서 정녕 모르셨을까? 아니면 하나님의 계획하심을 이루시기 위해 묵묵히 나쁜 스승의 길을 걸으셨을까? 만약 그렇다면 이 일에 한 몫을 담당한 유다는 우리가 말하는 지옥에 떨어졌을까? 그 어떤 물음을 할지라도 이 질문은 답을 낼수가 없다고 저는 생각합니다. 오로지 하나님과 예수님만 아시기 때문이지요. 그럼에도 불구하고 우리는 왜 이런 질문에 답을 하려 애를 쓸까요? 그냥 모른다고 말하면 안 될까요?

선악과는 왜 만드셔서 이 땅에 죄가 들어오게 하셨을까요? 우리를 구원하시기 위해 예수님을 희생양으로 삼을 수밖에 없었던 인류 역사를 보면 노아의 방주는 실패한 하나님의 계획 아닐까요? 아브람의 신심을 시험하시기 위해 자식을 바치라고 하실 정도로 아브람의 충성심을 확인해 보셨을까요? 전지전능하신 하나님께서 독심술을 못하셔서 그렇게 잔인한 시험을 하셔야 했을까요? 저에게 풀지 못할 숙제는, 왜 하나님이란 분은 인간과 이 땅을 창조해서 이렇게 불의와 고통에서 살게 하셨을까요? 단순히 당신의 영광을 돌리고 섬길 존재가 필요하셔서요? 태초에 흑암만 존재하고 있을 때 너무너무 외로우셨을까요? 이 많은 이해하지 못할 대목에 시비를 걸자면 한도 끝도 없을 듯합니다. 그런데도 왜 우리는 이러한 설명 불가한 것에 대해 누군가는 질문을 하고, 누군가는 대답하려고 기를 쓸까요?

아니 사실 신앙인이라면 굳이 이런 질문을 할 이유가 없지 않을까요? 예수님에 대한 우리의 신심이 이해하지 못한 대목에 흔들릴 정도는 아닐 것이니까요. 물론 저희도 가끔은 이해 불가한 성경 이야기에 대해 고개를 갸우뚱할 때도 있습니다. 그러나 우리는 곧 이렇게 이야기하곤 합니다. “애이~ 하나님의 뜻을 우리가 어케 알어!” 그 이상도 그 이하도 아닙니다. 그저 하나님의 뜻이라 여기고 감사하며 하루하루를 꾸려 갑니다. 그럼에도 불구하고 신앙의 동지들에게 교우들에게 위와 같은 불경한 질문을 던지면 열심히 그들은 대답을 찾고 저에게 설명하려하거나 심지어 설득하려고 합니다. 그런데 말이죠, 저는 작정하고 이 불경한 질문을 만들었기 때문에 결코 논리적으로 그분들에게 뒤지지 않습니다. 그분들이 답을 하면 할수록, 논리적으로 설명을 하려고 애를 쓸수록 도리어 그분들의 비논리적이고 비합리적인 부분만 드러나게 저는 집요하게 파고듭니다. 제가 도리어 더 논리적이고 합리적으로 의문을 던집니다. 그건 제가 그분들보다 더 지식적이거나 논리가 뛰어나서가 아닙니다. 바로 판場, 즉 서있는 자리가 다르기 때문입니다.

책 앞부분에서도 말씀 드렸듯이 합리적이고 논리적인 설명과 논증이 필요한 판場과 의미와 가치를 추구하는 삶의 판은 다른 거죠. 과학은 과학의 언어와 생각하는 방식이 있고 신앙인은 신앙인의 이야기가 있는 것이지요. 과학이 종교에게 자신들의 방식으로 종교를 설명하라고 강요할 수 없는 것입니다. 역시 종교가 과학적 언어로 자신들을 이해시키라고 하는 것은 어불성설이지요. 그렇다고 과학과 종교가 전혀 다른 두 세계처럼 살거나 등질 수 있는 그런 사이도 아니지요. 과학은 그들의 강점인 어떻게How에 강하고, 종교는 인류가 붙잡고 가야할 의미와 가치에 강하죠. 과학이 밝혀낸 자연법칙이나 삶의 개선 그리고 논리체계는 인류에게 중요한 것입니다. 그러나 종교가 설파하고자 하는 것, 이 세계의 존재 가치와 의미가 빠져버리면 불합리하고 이해 불가한 인간의 존엄은 땅에 떨어지게 되죠. 그 대표적인 예가 1·2차 세계대전이지요. 과학/지식 활동으로 유토피아를 건설할 수 있다는 착각, 그런데 엉뚱하게 세상을 디스토피아로 치닫게 했고, 지금처럼 창조세계를 무자비하게 파헤쳐 인류의 미래를 어둡게 만들 수도 있지요. 마찬가지로 종교가 종교 가치를 과학이 누리는 지위를 탐하게 되면 과학의 약점인 윤리와 인류가 추구해야 할 보편적 가치를 세우기 힘들지요. 어쩌면 종교는 권력적이고 성장 만능에 빠질 수도 있다고 저는 생각합니다.

우리에게 심리적 불안과 갈등을 가져오는 또 하나의 주범이 지식권력입니다. 지식을 추구하고, 지식 활동을 하는 인간의 욕구가 불안을 일으킨다는 의미가 아닙니다. 지식 그 자체가 태생적으로 차별을 내포하고 있습니다. 그 지식을 가지는 자가 권력이 되는 것이고, 그 지식에서 벗어난 자는 지식이 주는 지위를 누리지 못하는 거죠. 심지어 한쪽은 주류가 되고 다른 한쪽은 그 사회에서 소외되기까지 하지요. 문제는 어느 지식이든 그 사회가 요구하는 지식이 있다는 겁니다. 예를 들어, 우리 사회는 한동안 한문 기피현상까지 있었던 때가 있습니다. 그리고 영어를 하는 사람은 지식인 반열을 누린 때도 있었습니다. 물론 영어나 한문은 언어에 불과하다고 치부할 수도 있지만 그 언어를 누가 구사하느냐와 연관이 있는 거죠. 즉 그 시대의 지식인의 표상인 것이고, 그 표상을 우리는 쫓아가야만 한다는 강박에 쌓이게 되죠. 지식과 떨어지면 불안하고 나의 주체적인 삶 사이에서 갈등하게 되지요.

이 지식 권력은 우리 삶 속에서 교육이란 이름으로, 담론이란 모습으로 둔갑하여 나타날 뿐입니다. 그 권력을 졸업장으로 증명하기도 하고 때론 대화로 나타내기도 합니다. 그런데 이 지식 권력이 굉장히 힘이 셉니다. 그 사회가 요구하는 지식 권력 앞에서 당당하고 주체적인 삶을 산다는 것이 그리 만만한 것이 아닙니다. 지식이 주는 불안과 갈등은 그 어느 것이 주는 불안과 갈등보다 강력하고 우수합니다. 왜냐하면 이것은 심리내적인 것 이상으로 피부적으로 느끼는 실제의 생활에 차별을 가져오기도 합니다. 게다가 지식이 규정해 주고 지식이 설명한 것이면 무조건 신뢰하는 경향이 우리에게 분명하게 존재합니다. 예를 들어, 연구결과(지식)에 의하면 당신은 우울증입니다. 그런 당신은 이러이러하게 행동하셔야 한다고 지식이 말하면 우리는 그 지식적 설명에 복무하게 되지요. 이런 지식 권력 앞에서 주체적인 신앙인이라면 '성령의 법'에 자신을 맡겨야 하지 않을까요? '성령 권력'이라고나 할까요?

신앙인은 논리적 설명에 앞서 경험된 하나님을, 지식적 탐구에 앞서 추구해야 할 가치를 살아내는 자들입니다. 과학은 근원을 찾지만 신앙은 내려진 결론을 살아가는 것입니다. 하나님이 주신 '실천적 지혜praxis'를 귀하게 대접해야 합니다. 그런데 과학적 세계관 앞에서 과학적 지식과 세계관 그리고 그의 방식에 매입니다. 우리도 같은 방식의 병법론을 굳이 따라할 이유는 없습니다. "그러나 너희가 그때에는 하나님을 알지 못하여 본질상 하나님이 아닌 자들에게 종노릇 하였더니, 이제는 너희가 하나님을 알 뿐 아니라 더욱이 하나님이 아신 바 되었거늘 어찌하여 다시 약하고 천박한 초등학문으로 돌아가서 다시 그들에게 종노릇 하려 하느냐."(갈 4:8-9) 지식권력이 천박한 이유는 태생적으로 차별을 품고 있기 때문입니다. 그러나 성령의 법은 태생적으로 "사랑과 희락과 … 온유와 절제"(갈 5:22)를 품고 있습니다.

제 경험상으로는 저와 같이 불경한 질문을 하는 사람들은 신앙의 동지들이 아니었습니다. 대부분 그 동기는 진리대로 살고자 하거나 진리를 찾아 목매인 분들이 아니라 우리 신앙동지들의 삶에 문제제기를 하고자 작정하고 달려든 분들이더군요. 이런 분들에게는 논리와 합리적 설명이 필요하다기 보다는 진리 안의 삶 그 자체가 아닌가 싶습니다. 즉 성령의 법, 성령의 열매가 갈급해서 질문을 삐딱하게 하는 것 아닌가 싶습니다. 그러기에 실천적 지혜는 성령의 열매를 살아내는 것이고, 지식적인 답은 간단한 듯합니다. "저도 잘 모르겠는데요…" 영국의 철학자이자 노벨문학상 수상자인 버트렌드 러셀Bertrand Russell이 컬럼비아대에서 강연을 할 때였답니다. 강연이 끝난 후 학생이 질문을 했답니다. 그런데 그 질문을 받은 러셀은 한 동안 멍하니 있다가 한참 후에 하는 말이 "이 내용이 질문하고자 하는 내용 맞습니까?"하고 묻더랍니다. 그러고는 또 몇 분간 조용히 있더니 결국 하는 말이 "좋은 질문입니다. 그런데 나는 그 질문에 답할 능력이 없네요."라고 하더랍니다.

'모른다!' 이야기치료에 낫노잉 포지션not-knowing position이란 자세가 있습니다. 이야기치료사라면 반드시 실천해야하고 수천 번을 강조해도 지나치지 않은 상담 자세가 '모른다'란 자세입니다. 낫노잉 포지션이란 전문가의 지위와 권력으로 상담을 원하는 사람의 삶을 함부로 재단하거나 아는 체하는 것을 피하기 위함입니다. 이 분들이 이제껏 경험하고 일구어 왔던 삶의 이야기에 대한 진지한 인정입니다. 그럴 때만이 그들만이 가지고 있는 강점과 지혜와 지식에 대한 진지한 자세이며 경의의 표현입니다. 이것을 현장 지식local knowledge 혹은 '실천적 지혜praxis'라고 하고 생활과학이라고도 합니다. 그들이 발전시켜 왔던 나름대로의 삶의 지혜와 지식은 그들이 속한 문화 속에서 때론 같은 방법이지만 다양하게, 때론 다른 방법이지만 역동적으로 형성되어 온 독특하고 실천적인 것들입니다. 이러한 삶의 지혜는 보편성으로 설명하기 어려운 구체적이고 실생활적인 특징을 가지고 있지요.

이런 지식을 깊이 알기 위해서는 보편이라는 전문가의 지식으로 카테고리를 정하려 할 것이 아니라 낫노잉 포지션의 자세를 가지고 좀 더 깊이 이해하려는 자세가 필요합니다. 이 자세를 다른 식으로 표현한다면 내담자의 이야기를 '이해하기'understanding 위해 under-standing하는 것이지 above 혹은 beside-standing하는 것이 아니라고 앤더슨과 굴리시안Anderson & Goolishian은 말합니다. 정확히 말하자면, 누가 누구를 '이해'한다는 것, 특히 상담 상황에서 십수 년씩 쌓여 온 한 인간의 삶과 이야기를 단 며칠, 몇 시간으로 이해하겠다는 것은 어불성설이이라고 감히 말씀드릴 수 있습니다. 그렇다고 상담을 안할 수는 없잖아요. 그래서 이해를 좀 더 좁혀 보기 위해서 상담가는 내담자의 눈높이가 아니라, 그 아래에 자리해야 한다는 것이지요. 그렇다고 내담자 중심에서만 하는 상담 자세는 아닙니다.

저를 가르치신 뮬러Muller께서는 "상담가의 낫노잉 포지션이란 '화자인 당신은 알고 상담가인 나는 모른다'라는 뜻이 아니라고 합니다. 그렇다고 '화자 당신도 모르고 나도 모른다'는 것은 더더욱 아니라는 거죠. 다만 상담가 자신의 선 이해, 선 경험, 선 지식 등을 상담가 자신이 인식하고 있다는 것이며, 대화 파트너인 내담자 당신과 상담가인 나 자신이 앞으로의 미래 이야기가 어떻게 전개될 것인지, 또한 내담자 당신의 이야기 속에서 어떤 예외적인 것들이 벌어질지,

독특한 결과와 수확물들이 나올 것인지, 그리고 어떤 치유책이 나올 것인지를 우리는 모두 모른다는 것이다"라고 말씀하셨습니다. 그러기에 우리는 서로 영향을 주면서 뭔가 앞으로의 일을 꾸미고 있으나 누구도 이 상담 공간의 중심이 될 수 없다는 것이지요. 왜냐하면 앞으로(미래)는 시/공간이며 그 시/공간은 오로지 창조주 하나님만의 통제아래 있는 것입니다. 그러기에 우리는 계획이나 목표를 가질 수는 있을지라도 확신에 차서 마치 아는 것처럼 해결책을 제시하거나 지금 이 순간에 대한 결론을 내린다는 것은 교만이지요.

낫노잉 포지션이란 또한 내담자의 입에서 나오는 언어, 개념, 묘사 등을 간단히 지나쳐 버리지 않는 자세입니다. 왜냐하면 상담가 역시 똑같은 언어를 쓰고, 사물에 대한 묘사 방법이 같은 문화적 배경을 가지고 있기 때문입니다. 상담가가 사전적 의미를 모를리 없지요. 또한 내담자와 그 문화의 보편적 정서를 공유하고 있기도 하지요. 그러다 보니 내담자의 특수적이고 국지적인 인식과 문화를 간과하는 경향이 상담 과정중 종종 나타나기도 합니다. 그 결과 내담자가 사용하는 개념들을 추측 예단하는 우를 범하기도 하지요. 예를 들어, 만약 내담자가 '슬프다'란 단어를 사용했다면, 어느 누가 한글의 뜻 '슬픔'을 모르겠습니까? 상담가 역시 내담자가 말한 슬픔을 자신이 알고 있는 단어의 뜻으로 쉽게 간과해 버리는 경우가 있지요. 그러나 만약 상담가가 낫노잉 포지션 자세를 명심하고 있다면 당연히 내담자가 말하는 슬픔이란 뜻이 무엇인지, 어떤 상황의 슬픔인지를 물어야 할 것입니다.

이런 자세를 견지하다 보니 상담가가 자신이 들었던 이야기에 대한 이해understanding를 과신하지 않고 내담자에게 매번 확인하는 확인 절차를 거칠 수밖에 없지요. 단어란 자체가 많은 한계를 가지고 있기도 하고, 같은 단어를 썼을지라도 자기 뜻대로 적절하고 적당한 단어를 선택하기에는 그리 쉽지는 않습니다. 또한 내담자는 자신의 정서를 풀어 헤쳐서 표현할 때도 많거든요. 마치 우리가 병원에 가서 아픈 증상을 말할 때 참으로 적당한 단어를 선택하기가 어려운 것과 같지요. 이때 의사 선생님들은 환자가 묘사한 언어들을 좀 더 정교하게 혹은 축약된 언어로 요약할 수 있듯이 우리 상담도 마찬가지입니다. 이때 상담가는 열린 가능성을 함께 덧붙일 수도 있지요 예를 들어, 한 학생이 자존감이 매우 낮다고 임상검사 결과가 통보되었답니다. 그래서 상담을 하기 시작한 사례입니다. 이 학생은 반 아이들이 괴롭히거나 하면 그냥 웃어넘길 줄도 알고 친구들을 포용력 있게 감싸 준다고 합니다. 그런데 재미난 현상은 자신이 자신의 입으로 그렇게 말했으면서도 자신의 그런 행동은 바보 같은 것이라고 합니다. 그런데 제 귀에는 참을성 있는 아이로, 친구들을 감싸 준다는 말을 리더 혹은 사업가의 덕목으로 들리더군요.

기존의 상담 방법론에서는 가설을 가지고 내담자를 분석한 후 상담가가 가지고 있던 여러 가지 지식과 해결책을 제시합니다. 즉 처방이지요. 그러나 낫노잉 포지션은 내담자가 과거로부터 현재에 이르기까지 쌓아 왔던 것들을 찾아내고 그들의 세계관을 배우려는 자세를 견지합니다. 또한 그들 자신에게 가장 알맞은 방법을 자신의 이야기 속에서 찾는 것이고, 그 방법이 희망을 일구어 낼지, 더 악화될지는 내담자도 상담가도 솔직히 모르지요. 오로지 하나님의 계획하심만 남은 것입니다. 단지 모든 상황에 맞는 방법에 대해 과거나 현재에 묻혀 있는 그 무엇을 찾아 적용해 보고, 최종적으로 내담자와 상담자의 협력적인 이야기가 새로운 이야기를 창조하는 것과 기다리는 자세가 낫노잉 포지션입니다. 즉 상담 파트너들(내담자와 상담가)이 이야기를 창조하는 것이 아니라, 이야기가 이야기를 창조하는 것입니다. 상담자와 내담자가 모르고 있는 것은 단지 둘 다 자신들이 이야기하고 있는 것이 어떻게, 그리고 어떤 모습으로 이야기의 결과나 열매가 창출할 것이냐는 것이지요. 그렇지만 한 가지 분명한 것은 지금 이 순간 상담자와 내담자는 둘의 삶에 '새로운 의미 있는 이야기를 창조'하는 데 열중하고 있는 것이고 하나님을 바라고 그의 긍휼하심을 기다리는(시 123편) 자세이지요.

그러므로 낫노잉 포지션은 위에서도 언급했듯이 둘 사이에는 미래의 이야기를 써 나가는 데 있어서 쌍방 모두가 미래의 이야기에 미칠 수 있는 영향들을 인식하고 있어야 합니다. 그러기 때문에 낫노잉 포지션은 내담자와 상담자 쌍방 간의 상호적이며 능동적인 참여가 요구됩니다. 기존까지는 상담 방법의 범주를 '지시적(전문가 중심)', '비지시적(내담자 중심)', '절충적'인 것으로 분류했습니다. 그러나 이야기치료는 상담과정에서만이 아니라 사회문화에까지 광범위하게 '참여적' 방법이 또 하나 추가되는 것입니다. '참여적'이란 말은 이제까지 쌓이고 구축된 어느 한 시스템에 들어감을 뜻한다고 코

쯔Kotze는 주장합니다. 이러한 시스템은 그것이 속한 공동체의 사회/문화에서 언어와 묘사 방법, 담론, 속담, 가치, 신념, 이야기의 구조 등을 빌려다 사용하고 있고, 어떤 경우에는 마치 그 빌려 온 것들이 그 시스템의 고유한 것처럼 착각하기도 하지요. 상담가가 참여적 상담을 한다는 것은 내담자의 세계에 참여한다는 것이고, 바로 이러한 시스템에 들어가는 것입니다. 그러다 보니 사회문화적인 면까지 참여할 수밖에 없습니다. 상담자는 이러한 내담자의 삶을 꾸리고 영향을 주는 시스템을 알리가 없지요. 그러기에 참여적 상담을 위해서도 낫노잉 포지션이 요구됩니다.

상담가의 입장에서 부지의 자세를 취한다는 것은 전문가로서 가지는 위치와 특권을 내려놓는 겸손입니다. 지식에 대한 맹신에서 벗어남입니다. 실천적 지혜에 대한 존중입니다. 또한 내담자를 알아가겠다는 의지의 발로이며, 그 의지는 내담자의 삶에 적극적으로 참여하겠다는 자세를 말합니다. 이러한 자세는 사람에 대한 열정으로서 공동체에 대한 책임감의 발로라고 할 수 있습니다. 내담자의 불안과 갈등을 단순하게 개인적이고 심리내적인 것으로만 치부하지 않고 사회전반에 관한 문제를 간과하지 않는 것이지요. 사실 대부분의 문제는 위에서도 언급했듯이 그 사회문화가 줄쳐놓은 것들이 의외로 많거든요. 그러나 다른 한편 상담 결과에 대해서는 전적으로 내담자의 책임이 수반됩니다. 이것이 기존 상담과 굉장히 차별적이고 혹자는 이해하지 못하는 부분이기도 하지요. 물론 이 부분에 대해서 오해는 있지만 이 책에서 논하고자 하는 중점사항이 아니기에

짧게만 언급하겠습니다.

참여의 자세 중 가장 중요한 부분이기도 한 것이 내담자의 책임성 강조입니다. 사실 상담의 열쇠는 자신이 가지고 있으며 그 열매도 자신이 가지고 있다는 것입니다. 이제껏 우리는 상담이란 단어를 떠올리면 마치 상담자는 해결책을 주어야 한다고 믿어 왔습니다. 그러나 누가 누구에게 인생의 해결책이 "이거요"라고 하며 줄수 있겠습니까? 오로지 주님의 손 안에 있는 시/공의 세계에 누가 감히 책임질 수 있겠습니까? 상담자 역시 배우는 자입니다. 해결 방도를 일러 주겠다는 의지는 곧 하나님의 자리를 대신하겠다는 것과 진배없다고 저는 생각합니다. 오직 자신만이 자신의 이야기를 써내려 갈 수 있고 풍부히 할 수 있음을 내담자 역시 각인해야 합니다. 그러기에 끊임없이 질문하고, 자신의 사소한 이야기까지 소중히 담아내도록 해야 하는 것이지요. 물론 상담 과정 중에 상담자가 그러한 일에 충분한 촉매제의 역할만큼은 충실해야지요.

이제 가룟 유다 이야기의 또 다른 면을 읽어 보겠습니다. 가룟 유다는 불안과 갈등의 집합소였다고 제겐 보여집니다. 디모데와 바울 사도 사이에 흐르던 그 아름답고 애절한 사랑으로 발생하는 불안이 유다에게도 있었을 것이라고 저는 추측합니다. 그러지 않고야 유다가 예수님을 판 후에 자신의 배신행위 때문에 그리 고통스러워 할 이유가 있었을까요? 또한 기대치와 현실의 괴리로 인한 불안입니다. 유다는 세베대의 형제들이 가졌던 기대치 이상으로 예수님에게 기대치가 있었던 듯합니다. 그 기대치가 무너지면서 실망이 되었고 실망이 심리적 불안을 가중시켜 결국 정신 붕괴현상까지 온 것이지요. 그 기대치 역시 당대 사회문화 담론이었던 군왕 같은 메시야 사상이었던 것입니다. 그에 따른 정체성의 불안도 겪는 듯합니다. 문화 권력과 자신의 개인 윤리와의 괴리, 그것은 유대인으로서의 자신의 정체성과 예수님의 제자로서의 정체성의 충돌이 복합적으로 작용하여 결국 자신을 자해하는 지경까지 이른 것 같습니다. 게다가 그 고통스런 자신의 무지막지한 행위에 대한 후회를 피 튀기게 회개하고 거듭나는 선택을 하지 않습니다. 끝까지 자기 자존심을 지킨 아주 못된 선택을 하여 결국 예수님을 나쁜 스승이 아닐까 하는 질문을 하게 만든 주범입니다. 마치 딸을 제물로 바친 입다와 진배없습니다. 사람, 대중 앞에서 무너진 신심이지만 새벽닭으로 인해 고백과 거듭남으로 다시 시작한 자신의 동료 베드로와는 전혀 다른 모습이지요.

부록

이야기치료사의 자세와 윤리

여러분의 이해를 돕기 위해서 이야기치료가 어떤 철학과 어떤 실천 덕목을 강조하는지 설명을 드려야 합니다만 그 내용이 책 한권 분량은 족히 되기에 궁여지책으로 이야기치료사의 자세만 간단히 소개하려고 합니다. 다만 문제는 이야기치료사의 자세에 대해 정리되어 있는 책이나 논문은- 제가 아는 범위 안에서는-국내외에 없는 것으로 압니다. 그러기에 여기에 쓰는 것도 이야기치료에서 논의된 틀 안에 있는 것을 소개하는 것이 아님을 먼저 밝힙니다. 단지 제 나름으로 이야기치료를 연구하고 실천하며 정리했던 것에 불과합니다. 그럼에도 불구하고 상담사의 자세로 대체하고 싶은 이유는 일반적으로 삶의 '자세'란 철학과 윤리가 녹아있다고 판단해서입니다. 이야기치료는 이론이나 기법을 강조하기 보다는 윤리와 자세를 먼저 강조합니다. 또한 책 서두에서 말씀 드렸듯이 어떤 인식론(철학적 틀)을 가지고 있느냐에 따라 상담이나 치유 시 그 방법론을 지시합니다. 그 방법론이 온전히 드러나는 것이 상담사의 자세라고 생각합니다.

최적의 대상

이야기치료는 엄밀하게 심리학을 기반으로 하지 않습니다. 그러다 보니 쓰는 용어도 다릅니다. 영어에서는 '내담자'라는 용어를 각자의 이론적 배경에 따라 다르게 부릅니다. 정신역동에서는 Client로 체계이론을 중심으로 한 가족 상담에서는 Identified person이라고 부릅니다. 우리나라에서는 일반적으로 '내담자'로 통칭하기도 합니다. 그러나 이야기치료에서는 '내담자'란 용어를 아주 불편하게 생각합니다. 그래서 영어를 쓰는 어떤 이야기치료사들은 책이나 논문을 쓸 때 consulting을 원하는 분이라고 풀어쓰기도 합니다. 심지어 counseling이란 단어를 쓰지도 않는 경우가 있습니다. 이야기치료의 주창자로 인정받으시는 화이트M. White 선생께서는 대체 용어로 connecting people therapy라고도 합니다. 그 이유는 내담자를 병리나 연구 대상으로 보지 않고 또 하나의 세계로 보기 때문입니다. 그럼에도 불구하고 카운슬링이나 세라피란 단어를 쓰는 이유는 단순히 일반 분들과 소통을 위해서입니다.

상담사는 내담자에게 일단 최적의 대상이 되어야 합니다. 흔히 이것을 라포형성을 위한 것이라고 생각합니다만, 그 보다 더 중요한 것은 내담자의 철학과 문화에 더욱 깊이 들어가기 위해서는 그에게 최적의 대상이 먼저 되어야 합니다. 내담자를 병리로 보지 않고, 내담자를 연구 대상이나 임상 대상으로 보는 자세부터 고쳐야 합니다. 즉 푸근한 엄마와 대화하기를 원하면 푸근한 엄마로서, 잘 들어주는 친한 형을 원하면 친한 형으로서 만나주는 것입니다. 이 개념은 심리상담 이론 중 대상관계object relational theory 이론이란 것이 있습니다. 이 이론을 기반으로 자기심리학을 주창한 하인즈 코헛Heinz Kohut이 처음 사용한 것으로 저는 알고 있습니다. 물론 대상관계와 이야기치료 입장은 매우 상반됩니다. 그러나 그가 말한 상담사는 내담자에게 '최적의 대상'이 되어야 한다는 말에는 전적으로 공감합니다. 그래서 제가 차용한 것입니다.

로저스의 인본주의 상담에서 처음 주창된 '일단', '무조건'적으로 '공감'하고 '수용'하는 자세가 지금은 대부분의 상담 이론에서 채택되고 있습니다. 이런 자세는 어쩌면 머리의 활동이기도 합니다. 이야기치료에서는 가슴을 앞에 세우는 의미에서 내담자와의 '공명'을 강조합니다.

사람이 이야기를 한다는 것은

1) 그 이야기 속에 이미 화자의 의도와 목적이 있어 이야기로 구성하는 것입니다. 마찬가지로 내담자가 이야기를 한다는 것은 자신의 의도와 목적에 충실하게 임하는 것입니다.

2) 이렇게 이야기된 것은 누군가에게 채택되기를 원합니다. 즉 이야기 속성상 이야기'되기'를 원하는 것이지요. 다른 말로 하면 가치가 부여되고, 사회화 된다는 뜻입니다. 마찬가지로 내담자가 이야기 한다는 것은 자기 이야기의 가치가 부여되고, 최소한 사회나 가족 공동체에서 채택되기를 바라는 것이라고 할 수 있을

것 같습니다. 간단하게 말하면 가족의 공동 화제가 되는 것입니다. 공동 화제가 되는 순간 그 화제에 참여하는 가족 개개인 나름의 해석과 자기주장이 들어 올 수 있습니다. 이런 공간 창출이 중요합니다.

3) 이야기가 채택되는 순간 이 이야기는 이야기의 속성을 따라 다시 누군가에게는 들려지기를 원합니다. 즉 이야기가 확장되는 순간입니다. 다른 의견들과 해석들을 통해 좀 더 풍부해진 이야기가 이제 다시 다른 사람에게 의미 있게 전달되고 싶어 하는 속성이 이야기story입니다. 이 순간부터 '나' 자신의 이야기는 '나' 자신의 이야기로 끝나는 것이 아니라 우리 공동체 안의 이야기가 되는 것이지요.

누군가의 이야기가 가십거리가 된다는 의미가 아니란 것을 제가 굳이 밝히지 않아도 여러분께서 아시리라 봅니다. '나'의 1) 이야기가 열리고, 2) 그 이야기를 사회나 가족 구성원들과 나누다보면 3) 새로운 방향의 이야기가 확장되어 어느덧 우리 공동체에게 실천적 지혜로 자리 잡는 것입니다.

감정이입

최적의 대상은 화자의 이야기에 충실하게 감정이입을 하여야 합니다. 그래야만 공명이 되겠지요. 전통적 상담학에서는 내담자와 이야기할 때, 상담사는 가능한 객관적 자세를 유지해야 한다고 가르쳤습니다. 너무 무심한 듯해서도 안 되지만 또 너무 감정에 치우쳐서도 안 된다고 합니다. 그러나 이야기치료사는 다릅니다. 철저히 감정이입이 되어 들어야listening 합니다. 생각해보십시오. 타인의 이야기를 공명하려고 노력한다면 어떻게 철저한 감정이입 없이 가능하겠습니까? 슬픈 드라마를 보면 눈물이 나오는 모습이 당연한 것이고, 웃기는 것이 나오면 깔깔 거리는 사람이 정상입니다. 로봇이 아닌 이상 감정이입 없이 타인을 공감하고 수용한다는 것은 연출된 연기나 훈련된 병사나 마찬가지입니다.

이때 필요한 자세가 '마치…처럼'as if, '만약'이란 것입니다. 만약이란 것을 통해 내가 만나는 내담자의 감정에 가까이 가 보는 것입니다. 예를 들어, 우리 자녀들이 거짓말을 했습니다. 그렇다면 누군 거짓말하고 싶겠습니까? 자녀는 변명하지 않고 당당하고 싶지 않겠습니까? 그런데 그 후 폭풍이 두려울지도 모르지요. 우리 자녀들이 자신이 무엇을 하고 있는지 모르는 바보가 아니라고 저는 확신합니다. 중요한 것은 알면서도 거짓말을 천연덕스럽게 '연출'하는 그 순간 그 감정을 이해하겠는지요? 이렇게 생각해보죠. 여러분이 회사에 막대한 손해를 끼치고 상사 앞에 불려 나갔다고 하죠. 여러분은 무엇을 잘못했는지 모르고 그 자리에 서 있겠습니까? 제가 추측하기로 여러분은 알면서도 일단 거짓말, 변명 혹은 그 무엇으로든 이 상황을 회피하고 싶을 것입니다. 그 기분이 무엇인지 이해되지 않겠습니까? 마찬가지입니다. 자녀가 지금 그 순간입니다. 그 감정에 내가 들어 가보는 것이 대화를 여는데, 공감과 수용을 하는데 일차 과제입니다.

닻 anchor의 역할

상담사는 닻입니다. 닻의 역할을 해야 합니다. 저는 강의 때 이런 말을 자주 합니다. '누가 누구를 치유한단 말인가?' 상담이란 이름하에 무수히 많은 사례들과 가족, 부부, 청소년을 수백 명 만났습니다. 그런데 만나면 만날수록 저의 상담 능력에 대한 회의와 좌절이듭니다. 이 회의는 상담 결과가 나빠서가 아닙니다. 그 상담의 결과가 인생 전반을 전인적으로 가꿔내는데 도움되지 않는 다는 회의입니다. 그럼에도 불구하고 저에게 한 가지 자신 있는 것이 있었습니다. 그 내담자의 가슴에 저를 심는 것이었습니다. 상담사가 아닌 진정 그 내담자를 걱정하고, 안타까워하는 한 사람을 그 내담자가 만날 수 있도록 하는 것입니다. 손도 잡고, 같이 눈물도 흘리고, 답답해하기도 했고, 등을 치면서 속상해 하기도 했습니다. 그러면 내담자는 나에게 마음을 주기도 했고 의지를 다지기도 했습니다. 물론 그때 뿐일 때가 많습니다.

예를 들어, 제가 청소년을 상담하거나 상담사를 훈련시킬 때 되뇌는 것이 있습니다. '믿지 말자 청소년, 자는 놈도 다시보자!'입니다. 그런 녀석들이 또 사고치거나 했을 때, 그 부모에게 전해들은 바에 의하면 저에게 미안해한다거나 또 가출해서 집에 잡혀 들어갔을 때 제일 먼저 하는 말이 저에게 말하지 말라고 신신당부한다는 것입니다. 혹은 아주 드물지만 몇년 후 번듯하게 커서 내 앞에 나타나는 경우도 있습니다. 마치 담임선생님이 골칫덩이에게 쏟은 정성을 만나듯 말이지요. 가슴에 닻을 내렸을 때 그 내담자는 인생 풍랑에 흔들릴 수는 있으나 더 멀리 가지는 못합니다.

발견자

이야기치료의 중요한 부분 중 하나는 내담자가 사소하게 여기는 것, 흘리고 지나간 것, 자기와 무관하게 생각한 것조차 놓치지 않아야 한다는 것입니다. 그리고 그 이야기를 다시 재구성해 보는 것이 주요한 과제입니다. 즉 상담사는 발견자입니다. 상담사는 탐정도 아니고 형사도 아닙니다. 옳고 그름, 참과 거짓을 가름하는 과학도도 아닙니다. 그렇다고 정답을 가르치는 교사도 아닙니다. 제가 상담사들을 훈련시키면서 누누이 강조하는 것이 있습니다. 상담사는 내담자의 강점이나 노하우, 사소한 것으로 치부되었던 것들, 그러나 문제에 대처해봤던 그 어떤 대처방법, '그럼에도 불구하고' 등등을 발견하는 것입니다. 그런 의미에서 부모는 일반 상담사보다 이 부분에서는 더 강할 수밖에 없습니다.

이 책에서 계속 강조하지만 자녀의 문제원인이 과거에 있다는 전제는 너무 협소한 생각입니다. 과거가 내담자에게 영향을 준다는 것은 부정할 수 없지만 그렇다고 이 순간의 '나'를 규정하지 못합니다. 내담자의 현재의 삶과 정체성이 과거를 규정합니다. 내담자는 오늘의 정체성을 가지고 지나간 자신의 행동이나 사건에서 슬픔, 고통, 상처 같은 원인을 찾을 수도 있습니다. 그러나 다른 한편 새로운 관점에서 사소하게 여길 수 있는 것을 사소하지 않은 보물로 찾을 수도 있습니다. 생각해 보십시오. 여러분은 자녀를 키우면서 체벌하지 않고 모든 것을 수용하고 지지하고 공감하며 키웠던가요? 아이가 어렸을 때 분리불안을 겪을만한 어려운 시기가 없었는지요? 만약 있었다면 그 아이들 모두가 그 트라우마로 인해 지금 어떤 모습이 되어 있어야 할까요? 어떤 이유로든 부부가 맞벌이를 했다면 모든 맞벌이 부부의 자녀는 상처 많은 아이일까요? 태생부터 편모슬하에서 자란 아이는 태생적으로 문제아가 되는 것일까요? 우리 내담자에게는 '그럼에도 불구하고' 오늘 이 순간 우리 앞에 서 있습니다. 그렇다면 그 순간, '그럼에도 불구하고' 어떤 일, 어떤 행동, 독특한 노하우와 강점이 있었기에 지금 같이 대화를 할까 궁금하지 않습니까? 그것을 발견하는 자로서 상담사 역할이 교사나 과학자의 역할보다 우선해야 한다고 생각합니다.

재해석가

사물은 그 자체로 드러나는 것이 아니라 발견 되어지는 것이라고 생각합니다. 즉 자체 발광하는 것이 아니라 누가 어디서, 어떤 목적으로 어떻게 보느냐에 따라 사물은 달라지는 것입니다. 시인은 사물 자체가 여러 면으로 발견되도록 도와줍니다. 시인의 사명은 같은 상황, 같은 사물에 시인의 영혼을 불어 넣어 발견되어지도록 한다고 합니다. 시인은 우리 일반인에게 또 다른 영혼의 울림을 허락합니다. 무색무취의 바람에서 색을 보는 시인. 하늘의 별을 따서 느끼게 해 주는 시인의 눈. 다른 말로 하면 재해석하는 것이지요. 마찬가지로 내담자는 발견되어져야 합니다. 내담자의 모든 것을 의도적이고 목적적으로 보는 눈이 필요합니다. 유연한 눈. 또 다른 각도에서 보는 눈. 다른 감정을 느끼려고 하는 눈. 고정된 해석이 아닌 재해석된 내담자를 보려는 눈이 필요합니다.

재해석을 다른 말로 하면 의도된 해석이라고 할 수 있을 것 같습니다. 오해가 없었으면 합니다. 의도가 있다는 것이 과장을 한다는 것은 아닙니다. 의도적이라고 해서 내담자에게 없는 것을 있다고 우기는 것이 아닙니다. 의도적이란 다른 방향에서, 사용치 않던 감각으로, 익숙지 않은 관점에서 내담자를 보려는 시도입니다. 고정관념, 사회문화적인 틀, 모던이즘적 기준에서 의도적으로 벗고 새로운 다양한 각도에서 보려는 부모된 심정의 노력 아니겠습니까? 또한 의도라는 것이 어떤 결론으로 유도하려는 것도 아닙니다. 의도된 해석이란 내담자가 원하는 것, 선호하는 것으로 유도하려는 것도 아닙니다. 시인은 사물과 상황을 의도적으로 보려고 노력하지만 자신의 목적으로 유도하려고 하지 않습니다. 우리가 얼마나 넓고 풍부하게 내담자를 해석/재해석해 가느냐에 따라 그들의 넓이는 달라집니다.

시적 표현=작명가

언어란 내재화하는 힘이 있다고 생각합니다. 교육심리학에서 자주 사용하는 낙인이론labeling theory 역시 여기에 근간한 것이지요. 언어 자체는 의미덩이입니다. 의미는 경험을 경험답게 합니다. 같은 경험이라도 어떤 의미를 부여하느냐에 따라 그 경험은 전혀 다른 경험이 될 수 있습니다. 언어는 생각을 만들고, 생각은 언어로 표현되지요. 그러므로 우리가 어떤 언어적 표현을 하느냐에 따라 사람은 그 언어에 규정되는 경향이 있습니다. 니체의 말을 빌리자면 인간은 언어의 구속에서 벗어날 수 없다고 규정하며 인간은 따라서 언어의 태두리 안에서 움직인다고 생각했습니다. 물론 니체의 말이 다 옳은 것은 아니겠지요. 그러나 일정부분 언어의 역할에 대해 정확한 통찰이라고 생각합니다. 니체의 말을 철학적으로 표현하면 '사실reality이 사실 그 자체as it is가 아니라 사실은 언어로 구성'된 것이라는 것입니다.

그렇다면 내담자의 행동양식에 대한 사실, 내담자에 대한 상담사의 판단은 그 자체로서 옳다 그르다고 할 수 있는 것이 아닙니다. 단지 우리가 부여한 의미이고 그것을 언어로 표현한 것입니다. 내담자의 행동, 습관 혹은 경험 그 자체가 의미를 내포한 것이 아니라 우리들이 쓰는 언어가 의미를 부여해 주는 것입니다. 좋은 습관, 좋은 경험, 고쳐야 할 행동 등과 같이 '좋은, 나쁜, 부족한'것으로 의미를 부여한 언어적 습관에 불과한 것입니다. 그렇다면 그들의 행동이 바뀌어야 할 것일 수도 있지만, 다른 면으로 생각해보면 우리의 언어 습관을 바꿔서 표현할 수도 있는 것입니다. 우리가 해석/재해석에 새로운 언어를 옷 입혀 보는 거죠. 그런데 우리의 언어 습관은 모던적 표현에 익숙해 있지는 않습니까? '옳다 그르다, 나쁘다 좋다, 사실이다 거짓이다, 생산적이다 비생산적이다, 성공이다 실패다, 진실이다 아니다, 잘한다 못한다'와 같은 이분법적 언어입니다. 반면 '말 된다, 안 된다, 재미있다 없다, 그럴 듯하다, 표현이 부족하다, 이해가 된다 안된다, 효과적이다 덜 효과적이다'등과 같이 딱 떨어지지 않는 표현이 그리 문제일까요? 시적인 상상력이 듣는 자나 말하는 자에게 요구되는 언어 습관입니다.

언어는 의미덩이라는 것을 다른 말로 하면 언어는 그러기 때문에 편견덩이라고도 할수 있지요. 즉 니체가 말한 대로 우리가 사용하는 언어 그 자체가 우리 사고의 편견이라 할 수 있습니다. 우리의 생각을 언어로 표현하는데 그 언어가 우리의 편견의 일부를 보여주는 것입니다. 편견이란 다른 면도 있다는 의미입니다. 다른 면이 있다는 것은 우리의 사고나 언어 자체는 완벽할 수도 없고, 촘촘하지 않은 허점투성이라는 것을 말해 줍니다. 이런 우리의 편견은 개인적 편견이 아니라 사회적 편견입니다. 사회적으로 구축된 의미들과 언어로 구축된 표현들을 우리는 우리의 것처럼 사용하고 있는 것입니다. 이것은 우리의 고정관념을 형성하고 있습니다. 그런데 이 고정관념이 우리 개인의 것으로만 여긴다면 그래도 벗기가 쉬운데 사회문화적으로 검증되거나 대부분의 사람들이 '그렇게' 생각하고 있는 것들이기 때문에 우리는 쉽게 그 굴레에서 벗어나기 어려운 면이 있습니다. 왜냐하면 사회문화적으로 대부분 '그렇게'생각하고 말하는데 '나'(주체적인 나)만 '그렇지 않게'생각하고 말하면 '이상한', '아웃사이더' 심지어 '변태'라고 불릴 여지가 있습니다. 그렇기 때문에 '그렇지 않게'생각하고 말하기란 굉장히 큰 용기가 필요합니다.

그렇다면 상담 상황에서 규정하거나 우리의 대화 속에 이미 많은 편견, 그것도 우리의 주체적 사고가 아닌 사회문화적 편견을 중심으로 이야기하고, 규정하고 있다고 볼 수도 있지요. 만약 이 말에 동의한다면 우리 자신이 사용하는 표현 자체는 많은 허점이 있는 단편적 사고와 언어 습관임도 인정해야 됩니다. 이제 우리는 허점을 매울 수 있는 언어적 표현, '더' 많은 의미를 포괄할 수 있는 언어를 찾아야 합니다. 그것이 은유적 표현입니다. 시적 언어입니다. 과학적이고 합리적인 언어는 실험실에서, 연구 성과를 정리하는 연구실에서, 직장 상사에게 내밀어야 하는 서류에서 필요한 언어일지는 모르겠습니다. 그러나 내담자와의 대화, 내담자의 가슴에 닻을 내리고, 내담자의 인생을 더 넓은 각도에서 표현하기에는 너무도 협소하고 허점투성이 언어입니다. 그러므로 그 허점을 메우기 위해 우리는 은유적 표현을 훈련해야 합니다. 우리의 언어가 내담자의 행동양식을 내면화시킨다는 것을 항상 각인하는 것이 이야기치료사의 자세여야 합니다.

하나님의 도구요 통로다

저는 상담을 하면서도 저의 상담 결과에 대해 크게 기대하지 않습니다. 왜냐하면 저는 '누가 누구를 치유하는가?'란 물음을 항상 합니다. 단지 우리 모두는 하나님의 도구요 통로에 불과하다는 마음을 가지고 상담을 해야 한다고 믿습니다. 시편 123편에 보면 "하나님을 바라고 그의 긍휼하심을 기다리라"라는 표현이 있습니다. 바로 이것이 상담자의 마지막 자세라고 저는 생각합니다. 바울 사도께서는 "그리스도의 일꾼이요 하나님의 비밀을 맡은 자라, 그 맡은 자들에게 구할 것은 충성이라"(고전 4:1)라고 하십니다. 상담사도 별반 다르지 않다고 생각합니다. 아무리 모든 노력을 다하려고 하지만 결국 결과는 신의 손에 맡길 수밖에 없다고 생각합니다. 그의 긍휼을 기다리는 도구로서의 자세, 청지기 그 이상의 선을 넘지 않는 자세가 우리 상담사에게 각별히 필요하다고 저는 생각합니다.

제가 상담사를 훈련시키면서 누누이 강조하는 것은 '인격', '윤리', '겸손', '뜨거운 가슴' 이런 것이지, '책임', '능력', '내공' 이런 것이 아니었습니다. 엄밀히 말해서 상담 결과에 대해서 상담자의 책임은 없다고 단언합니다. 또한 상담 결과가 상담사 개인의 능력에 의한 것도 아닙니다. 단지 얼마나 겸손하게, 가슴 뜨겁게 최선을 다했으면 그것으로 족합니다. 그 결과는 신의 섭리에 맡기는 것입니다. 그분이 개입하시고, 그분이 함께 하기를 기도하며 기다리는 자세가 상담사에게 필요합니다. 내가 노력한다고 될 일이 아닙니다. 우리의 뜨거운 가슴으로, 최선은 다하나 그 다음은 그분의 손길을 기다리는 겸손과 청지기의 자세가 필요합니다.

고백

새벽닭은 울었습니다. 울고 또 울었습니다. 한송이 국화꽃을 피우기 위해 소쩍새가 천둥과 번개 속에서도 울고 또 울었듯이 우리 곁에서 새벽닭은 웁니다. 회개와 거듭남으로 신 새벽을 열라고, 새 하늘과 새 땅이 열린다고 새벽닭은 웁니다. 문화 권력이 금긋고, 줄쳐놓은 곳에서 숨 쉬지 못했던 '나', 불안과 갈등 공장장인 지식권력의 손에 놀림 당하던 '나', 오늘에 맞추지 않고 '어제'에 초점을 맞추라는 일부 상담학의 못된 버릇에 매여있는 '나'를 회개하고 거듭남으로 하나님의 주권 세상에 속하라고 새벽닭은 '나' 주위에서 세 번씩 울고 있습니다. 마치 모든 만물이 울창함과 화사함을 뽐내며 여름을 지날 때 숨 죽여 울고 있던 국화 봉우리를 위해 울어 주던 소쩍새처럼. 모든 만물이 세월에 누워 자려할 때 온 들에 향내 가득하게 하는 국화꽃 됨을 축하해 주는 소쩍새처럼 새벽닭은 그렇게 새 하늘과 새 땅을 알립니다. 우리를 깨웁니다.

저는 실패한 목회자임을 고백합니다. 주민등록증이 허락하는 시간까지 목회를 하다가 목회자로 은퇴를 하고 싶었습니다. 참좋은 목회자였다는 소리를 들으며 은퇴하고 싶었습니다. 그것이 저의 성공이라 여겼습니다. 그러나 이 책을 쓰고 있는 지금 저는 다른 길을 가고 있습니다. 어쩌면 제 의지가 아니라 밀려가고 있다고 고백할 수 밖에 없습니다. 지금은 목회를 그만 두고 상담학자로 상담사로 살고 있습니다. 그렇게 원하고 바라던 목회를 그만 둘 수밖에 없는 사연을 가슴에 품고 그저 오늘을 살 뿐입니다. 솔직히 말해서 내일에 대한 기대함도 없습니다. 어찌 보면 목표도 꿈도 없습니다. 그저 오늘 만나는 내담자와, 오늘 들어온 강의에 열중할 뿐입니다. 고상한 의미나 가치도 없습니다. 그저 먹고 살고 앞으로 필요한 경제적 노후 때문에 살고 있을 뿐입니다.

저는 실패한 목회자임을 고백합니다. 두 번이나 개척교회를 시작하여 이유야 어떠했든 두번 다 사임을 했습니다. 첫 번째 교회를 개척할 때는 21일 금식을 하고, 일년 동안 매일 밤 산에 올라가 기도를 하였습니다. 그러면 영적 충만한 생활을 하는 줄로 알았습니다. 왜냐하면 많은 신앙 선진들이 그리 해오셨다고 하니 저도 따라(모방:Mimesis)했습니다. 그러나 그 동안 저의 아내와 어린 아이들이 아파하고 신음함이 눈에 들어오지도 않았습니다. 박사학위를 하고 다시 개척을 했습니다. 이제 목회가 무엇인지 조금 알 것 같았고, 목회 안에서 자유함이 무엇인지 조금은 알겠더군요. 그러나 벗어나지 못한 것이 있었습니다. 별 짓(?)을 다 해봤는데도 교우 수가 참으로 더디 늘었습니다. 두 번의 실패를 돌아보면 저의 내밀한 속내가 보였습니다. 산기도도, 금식기도도, 가정보다 교회를 우선시한 것, 별 짓(?)을 다한 그 밑 마음에는 성장주의와 성공주의가 도사리고 있었습니다. 그럼에도 불구하고 저는 그것을 신심으로 둔갑시켰습니다. 저 자신조차 정말로 신심 가득한 목회자로 속았고, 저 자신조차 그러한 '나'를 보려하지 않았습니다.

'그럼에도 불구하고' 한 가지 더 고백할 수 있는 것은 저는 비록 실패한 목회자라도 실패한 신앙인은 아님을 고백하고 싶습니다. 저는 아직도 청지기로서 된 존재being가 아니라 되어가는 존재becoming이기 때문입니다. 저에게는 이제 새벽닭의 울음이 들립니다. 세번까지도 아닌 단 한번의 울음도 귀에 선명히 들립니다. 그 울음이 들릴 때 망설임 없이 무릎이 꿇어지고 '나'를 돌아볼 용기도 부릴 수 있습니다. 오늘을 살기로 작정하니까 내일이란 시간이 불확실한 미래로 보이는 것이 아니라 열린 미래로 다가오는 신비임을 이제야 알겠습니다. 시/공이 주님의 손 안에 있는 것이지 저의 계획과 목표, 꿈과 비전에 있지 않음을 깨닫고, 이제는 깨달음 자체로 살 자신이 생겼습니다. 가나안의 주인이 되고자 하는 마음을 내려놓고 광야의 양성 그대로 살기를 작정하니 저의 내밀함이 보였습니다. 겸손한 자를 대중은 좋아한다는 것을 알기에 겸손했습니다. 그러나 저의 내밀함에는 중심이 되고자 겸손 '행위'를 했던 것입니다. 즉 진정한 주체로 서지 못했던 거지요. 새벽닭은 오늘 아침에도 저의 머리말에서 울고 있습니다. 새벽닭 울 때….

사랑하는 여러분 불안과 갈등은 누구에게나, 어떤 상황에서든 일어나는 심리적 현상입니다. 이 불안과 갈등을 이론적으로 이렇게 저렇게 원인을 파악하고 방법을 설명할 수 있습니다. 문제는 이 불안과 갈등을 병리로 몰고 가거나 해결해야 할 어떤 심리적 과제로 여기는데 있습니다.

이 책에서 보았듯이 불안과 갈등은 다양한 상황에서 다양한 이유로 인해 나타날 수 있고 해석의 문제입니다. 분명한 것은 그 불안과 갈등이 우리에게 불편함은 줄 수 있으나 우리를 타고 넘을 수는 '절대로' 없습니다. 왜냐하면 우리 주님께서 이미 주님의 발아래 두셨기 때문입니다. 그 터에 우리는 살고 있고, 그 터에서 우리는 청지기 삶을 사는 것이기 때문이지요. 우리는 직업에서, 가정에서, 개인사로 실패를 피할 수 없을 것입니다. 그 실패가 우리에게 불편한 불안과 갈등의 원인이 될 수도 있습니다. '그럼에도 불구하고' 실패한 청지기는 주님의 터 안에서는 없습니다. 이 복음을 확신하셔야 합니다. 왜냐하면 청지기는 끊임없이 되어가기 때문입니다.

더 이야기하고 싶은 것들….

- 왜 이삭은 무기력했을까요?
- 자녀 교육의 실패 가인과 아벨 형제
- 분리 불안의 대표적 사례, 사무엘 선지자

BIBLE'S HEALING STORY